OBJETIVO SEGOVIA

LA OFENSIVA REPUBLICANA DE LA GRANJA, 1937

ÓSCAR GONZÁLEZ LÓPEZ - PABLO SAGARRA RENEDO

GALLAND editorial BOOKS
www.gallandbooks.com

Dedicatoria:

A Cristina, Raquel y Myriam

«Tengo un hijo con los rojos
y otro con los nacionales,
los dos están tirando tiros,
¿por quién suspira la madre?»

(Canción popular)

«Estaba tumbado boca abajo, sobre una capa de agujas de pino de color castaño, con la barbilla apoyada en los brazos cruzados, mientras el viento, en lo alto, soplaba entre las copas. La ladera de la montaña hacía un suave declive por aquella parte, pero más abajo se convertía en una pendiente escarpada, de modo que desde donde se hallaba tumbado podía ver la cinta oscura de la carretera embreada serpenteando en torno al puerto».

(Ernst Hemingway, *Por quién doblan las campanas*)

Título original: Objetivo Segovia. La ofensiva republicana de La Granja, 1937
Primera edición: febrero 2024
ISBN: 978–84-19469-49-6
Depósito legal: DL VA 67-2024
Diseño y maquetación: Boca Multimedia
Tratamiento de imágenes: Paco M. Queipo
Imprime: Rudelgraf
Impreso en España

Introducción: una batalla inadvertida

En la génesis, desarrollo y resultado de la Guerra Civil española se entremezclaron diversos planos y elementos. Se dilucidó, en todo caso, en el plano militar. No pudo ser de otra manera. Influyó también, y de manera decisiva, el manejo político y económico de las respectivas retaguardias y la proyección hacia el exterior —acopio de recursos y obtención de credibilidad diplomática-internacional—.

Soldados rebeldes en el primer verano de guerra, cuando todavía parecía que el conflicto podía durar unas semanas.

El enfrentamiento bélico se desarrolló a través de operaciones de diverso calado: ofensivas, asedios, batallas, combates, incursiones… En el ámbito terrestre, el que ahora nos interesa, acontecieron operaciones fundamentales y por todos conocidas, la defensa de Madrid y las batallas de Brunete y del Ebro, por ejemplo. Fueron operaciones que cambiaron, de alguna manera, el curso de la guerra.

Hubo muchas otras operaciones de menor importancia. Una de estas y que ha pasado inadvertida, tanto a nivel mediático como historiográfico, es la ofensiva republicana sobre Segovia iniciada el 30 de mayo de 1937. La operación tuvo, sin embargo, unos objetivos ambiciosos, pero se transformó en un enfrentamiento de fisonomía local que con acierto ha sido denominado como la batalla de La Granja, por ser en torno a esta población donde se desarrolló. En su contemporaneidad, y en ambas zonas, quedó subsumida en la gran ofensiva nacional para conquistar Bilbao y por este motivo ha encontrado escaso eco.

3

Nos vamos aproximando a saber lo que ocurrió, pero aún queda camino por recorrer. Este libro quiere unirse a ese gran camino historiográfico y a la andadura particular iniciada por la editorial Galland Books hace unos años, que tiene por horizonte el estudio y la difusión de la historia militar. Y hay que reconocer que, en el camino historiográfico, salvo un par de monografías, la dedicación a esta batalla de La Granja es muy parca1. Con base en la bibliografía existente, y en la documentación que se conserva en el Archivo General Militar de Ávila sobre las unidades que intervinieron en la batalla, hemos elaborado este estudio que, como es habitual en la colección StuG3 de Galland Books, buscamos que aúne rigor, síntesis, divulgación y amenidad.

La ofensiva de La Granja tuvo una notable repercusión en la prensa republicana. Así lo prueba este reportaje publicado en *La Vanguardia* el 10 de junio de 1937 (Archivo autores).

1.- En las obras generalistas es difícil para los autores dedicarle espacio a una batalla como la de La Granja-Segovia. Por poner el ejemplo de un autor y de una poderosa monografía, Manuel Aznar; aunque en la *Historia de la Cruzada* coordinada por Arrarás sí narra con cierta extensión esta batalla, en su *Historia militar de la guerra de España* (que consta de tres tomos) optó por ni siquiera mencionarla.

La provincia de Segovia durante el primer año de guerra

La alteración de la vida política española que sobrevino al establecimiento de la II República no tuvo gran recorrido en Segovia. Aunque en las elecciones municipales del 12 de abril de 1931 las candidaturas republicanas obtuvieran un concejal más que las monárquicas en Segovia capital, la provincia era un territorio agrario y conservador. El traspaso de poderes se produjo sin grandes contratiempos. Los bienes patrimonio de la Corona, como los palacios de Riofrío y de La Granja, fueron incautados por funcionarios del ministerio de Hacienda, lo que provocó desajustes en San Ildefonso, ya que gran parte del pueblo vivía de la Casa Real.

En los procesos electorales de noviembre de 1933 y de febrero de 1936, los votantes de la provincia se decantaron de manera mayoritaria por candidatos derechistas (dos diputados de la CEDA y un agrario, por uno del Partido Radical y otro de Izquierda Republicana, respectivamente). La sangrienta primavera de 1936 no fue tal en Segovia. Salvo pequeños y aislados incidentes, se vio libre de la violencia que se desató en España, a nivel general, tras el triunfo electoral del Frente Popular. Alejada de las grandes urbes, con industria y proletariado y con universidades e intelectuales, la capital estuvo exenta de atentados graves y asesinatos. El más serio de los altercados se produjo el 8 de marzo cuando tras

Abajo. Segovia desde la Avanzadilla de la Cruz de la Gallega (Foto Ó. G.)

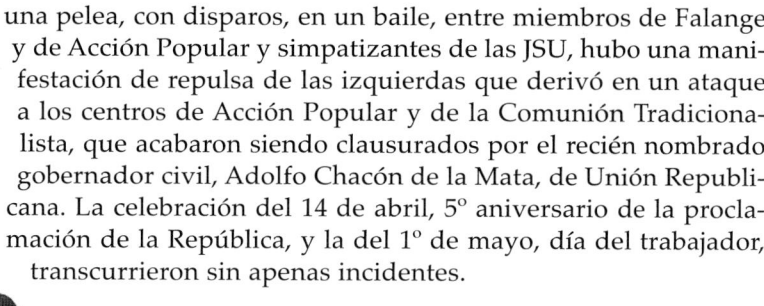

Arriba. Adolfo Chacón de la Mata, fusilado en diciembre de 1936.

Arriba. Coronel José Sánchez Gutiérrez, jefe del Reg. de Artillería n.º 13.

una pelea, con disparos, en un baile, entre miembros de Falange y de Acción Popular y simpatizantes de las JSU, hubo una manifestación de repulsa de las izquierdas que derivó en un ataque a los centros de Acción Popular y de la Comunión Tradicionalista, que acabaron siendo clausurados por el recién nombrado gobernador civil, Adolfo Chacón de la Mata, de Unión Republicana. La celebración del 14 de abril, 5º aniversario de la proclamación de la República, y la del 1º de mayo, día del trabajador, transcurrieron sin apenas incidentes.

Por aquella época, Segovia contaba con tres centros militares de importancia. La Academia de Artillería e Ingenieros, el Regimiento de Artillería n.º 13 —conocido como «el 13º Ligero»— y la Escuela de Automovilismo del Ejército —en vísperas de la rebelión la mayoría de sus camiones y efectivos habían sido trasladados a Madrid—. El director de la Academia, y a su vez comandante militar de la plaza, era el coronel José Tenorio Muesas. Aparte, estaban la comandancia de la Guardia Civil (dependiente del 9º Tercio con cabecera en Valladolid), cuyo jefe era el teniente coronel Mariano Nieto Sánchez, y una sección de la Guardia de Seguridad y Asalto al mando del teniente Felipe Feijóo Requena.

En la mañana del 13 de julio de 1936, la Academia celebraba el fin de curso y la entrega de despachos a los oficiales promovidos en ambas armas. Durante el acto llegó la noticia del asesinato de José Calvo Sotelo, jefe parlamentario de la minoría monárquica, perpetrado en Madrid por guardias de asalto y milicianos del PSOE durante la madrugada de ese mismo día. El rumor entre los presentes fue clamoroso y la repulsa entre los mandos militares unánime. Al día siguiente, el gobernador civil decretó el estado de alarma. Se presumía un levantamiento armado.

El 17 de julio, el mismo día que se sublevaban las unidades de Marruecos, transcurrió en Segovia con calma. El sábado 18 de julio de 1936, corrió el rumor del levantamiento en Valladolid y Sevilla. Las milicias marxistas, proletarias y políticas, organizaron unos grupos que salieron a la calle. Algunas patrullas se aproximaron a los cuarteles con intenciones de vigilancia, mientras el gobernador civil hablaba con el coronel Tenorio Muesas para atraerlo a la causa de la República. A su vez, Adolfo Chacón ordenó a la Guardia Civil que se concentrara en la capital. Durante aquella noche cargada de sangre, las radios fueron escuchadas con avidez. Todos, según sus intereses, buscaban noticias esperanzadoras.

Andrés Saliquet se hizo con el mando de la 7ª División Orgánica en julio de 1936.

Al día siguiente por la mañana se rompió la incertidumbre. El coronel Tenorio Muesas, al habla con el general Saliquet, que había tomado el mando de la 7ª División Orgánica en Valladolid, ordenó sacar las tropas a la calle. El bando declarando el estado de guerra y la adhesión al alzamiento fue leído en las principales arterias de la ciudad. Acto seguido fueron detenidos el gobernador civil y sus ayudantes y los principales dirigentes izquierdistas. El presidente de la Diputación Provincial, Demetrio Hoyos Martínez, activista de la UGT, consiguió escapar hacia Madrid.

La respuesta de las organizaciones del Frente Popular, en forma de huelga general, tuvo escaso éxito. El comité de la principal empresa de Segovia, la fábrica Klein de mangueras, no se sumó a la convocatoria, arrastrando al resto de trabajadores. En cambio, en otras localidades de la provincia las fuerzas afectas a la República dominaron momentáneamente la situación. En El Espinar, Cuéllar, Coca, Villacastín y en La Granja hubo choques armados. En algunas de estas localidades fueron tomados los cuarteles de la Guardia Civil, que estaban vacíos ante la orden del gobernador de concentrarse en la capital.

Arriba. Milicias madrileñas dirigiéndose a la sierra (verano de 1936).

Página anterior, abajo. Joaquín España Cantos, comandante de la Guardia Civil en Segovia en 1936.

Entre tanto, el día 21 de julio se presentó en Segovia, de manera inesperada, el Regimiento de Transmisiones n.º 1, llegado desde el Pardo tras una odisea en la que sucumbieron parte de sus fuerzas. Como venía menguado de personal, acogió a un centenar de voluntarios derechistas que se estaban presentando ante las autoridades militares. Esta unidad fue un apoyo importante para la rebelión.

Los siguientes días fueron decisivos en la gran guerra que se estaba fraguando. La disputa por los tres principales pasos de la divisoria que marcaba la sierra de Guadarrama y su cumbre de Peñalara (2428 metros de altitud), concentró las operaciones bélicas. De suroeste a noreste se encontraban: el Alto del León (1511 m), por el que pasaba la carretera de Madrid a la Coruña y en sus proximidades el ferrocarril (por la sierra de Tablada); el puerto de Navacerrada (1858 m), que unía este pueblo en la vertiente sur con La Granja y Segovia capital; y siguiendo la sierra hacia el noroeste, el puerto de Somosierra (1440 m) atravesado por la carretera Madrid-Burgos.

Valseca

Hontanares de Eresma

SEGOVIA

**75ª División
I Brigada**

Trescasas

21ª BRIGADA

Torr

La
Sa

Casas de
Santillana

*Cabeza
Grande*

*Cabeza
Gatos*

Matabueyes

Valsaín

La
de

*Cruz de la
Gallega*

Revenga

*Camino
forestal*

69ª BRIGADA

Navas de
Riofrío

La Losa

Ortigosa del
Monte

*Pinares de
Navahermosa*

*Cerro de
la Camorca*

Otero de
Herreros

**Línea de Frente
Mayo 1937**

*Puerto de
Fuenfría*

*Hacia San Rafael
y Alto del León*

El Alto del León[1] fue tomado por los rebeldes el 22 de julio. Intervinieron dos columnas que confluyeron en San Rafael: la más numerosa (unos 800 hombres), que venía de Valladolid al mando del coronel Serrador, y la de Segovia, que acababa de tomar El Espinar, integrada por una sección de ametralladoras y una batería del 13° Ligero. Frente a ellos, milicianos y tropas regulares llegadas desde Madrid. Los combates duraron hasta media tarde, causando muchas bajas. Entre otras, la del jefe de la columna republicana. el coronel Enrique del Castillo

Milicianos frentepopulistas camino de la sierra (julio 1936) (BN)

Miguel, que murió en la retirada de sus fuerzas en circunstancias poco claras. Los sublevados consolidaron sus posiciones en el puerto emplazando sus piezas la 3ª Batería del 13° Ligero. A partir del día siguiente, las fuerzas republicanas, con base en el pueblo de Guadarrama y al mando del teniente coronel José Puig García, trataron de reconquistar el Alto. Ambos bandos alimentarían la batalla de manera constante durante semanas, con unidades militares regulares y con milicias de diverso tipo. Todo brazo capaz de sostener un fusil servía en aquellos momentos. La lucha se enconó hasta comienzos de agosto. Los intentos republicanos por retomar el puerto se verían sucedidos de avances tácticos de los sublevados tratando de ocupar Guadarrama. La presencia en la retaguardia de Ávila de la Columna Mangada, que llegó a hostigar El Espinar, obligó a los sublevados a detraer fuerzas de la defensa del Alto del León. La línea del frente no registró variaciones notables.

Ricardo Serrador dirigió la toma del Alto del León.

El puerto de Navacerrada, el más alto y menos transitado de los tres, es el que más nos interesa en nuestro estudio. El 21 de julio, dos columnas opuestas se aproximaron al mismo; desde Madrid por Villalba, la columna del comandante de Infantería Ricardo Burillo, que pasó por el puerto y descendió hacia La Granja, tratando de apoyar al núcleo republicano que aún resistía en esta localidad, y desde Segovia, una pequeña columna rebelde al mando del teniente coronel Manuel Zabaleta. Tras ligero combate en las cercanías de Valsaín, los sublevados, con nuevos refuerzos, se lanzaron al asalto de Navacerrada el 22 de julio, pero fueron rechazados en la vertiente norte, en la zona conocida como las «Siete Revueltas». Unos y otros se

1.- Terminada la guerra, este paraje sería renombrado, por el bando victorioso como «Alto de los Leones de Castilla»; Vid. Orden de 17 de julio de 1939 (BOE de 18 de julio).

fortificaron y permanecieron expectantes, mientras se recrudecían los combates en los dos puertos adyacentes. El comunista Juan Modesto, uno de los fundadores del célebre 5º Regimiento, relata cómo se vivieron desde el lado republicano estas primeras acciones de guerra en este sector de la sierra:

«Al amanecer del día 22 subimos el Puerto de Navacerrada, recuperando a un grupo de campesinos y leñadores de dicha localidad, dirigidos por Villanueva "el Tuerto", que se había batido con el enemigo. Este se encontraba en el mirador que se alza en la divisoria de aguas del espinazo de la Sierra, límite de las provincias de Madrid y Segovia, llamado Dos Castillas. Después de algunos disparos, del primer impulso coronamos Dos Castillas. Tomamos un cañón del 7,5 allí emplazado, y nos lanzamos adelante, bajando hacia Balsaín y La Granja. Lo montañoso del terreno, cubierto además por el gran pinar de Balsaín, subordinaba todo movimiento serio a la carretera. Los obstáculos naturales, reforzados con barreras de pinos, nos obligaron a perder el tiempo en su desmonte.

El capitán José Fontán, con un grupo de guardias de asalto, y yo, con un grupo de comunistas, íbamos en vanguardia. Por mucho que nos esforzamos no volvimos a tomar contacto con el enemigo. Pero le impedimos retirar su artillería apoderándonos de otros siete cañones del 7,5 emplazados sobre la carretera, en los lazos finales de las Siete Revueltas. Llegamos al pueblo de Balsaín y estando preparando el asalto a La Granja, ocupada por la Guardia Civil, me alcanzó Bárzana, que me comunicó la orden del teniente coronel Burillo: "Volver hacia Dos Castillas, donde hay movimiento del enemigo". Y la cuestión se plantea así, a ver quién llega antes al alto. La jornada del 22 de julio se terminó en este sector de la Sierra con la conquista del Puerto de Navacerrada y la derrota de la columna de Segovia».

Entrada sur del túnel ferroviario de Somosierra (Ó. G.).

Página anterior, abajo. Ricardo Burillo Stholle.

Luis, Carlos y Manuel Miralles Álvarez de Aymerich junto a un cartel propagandístico de milicias de Renovación Española.

11

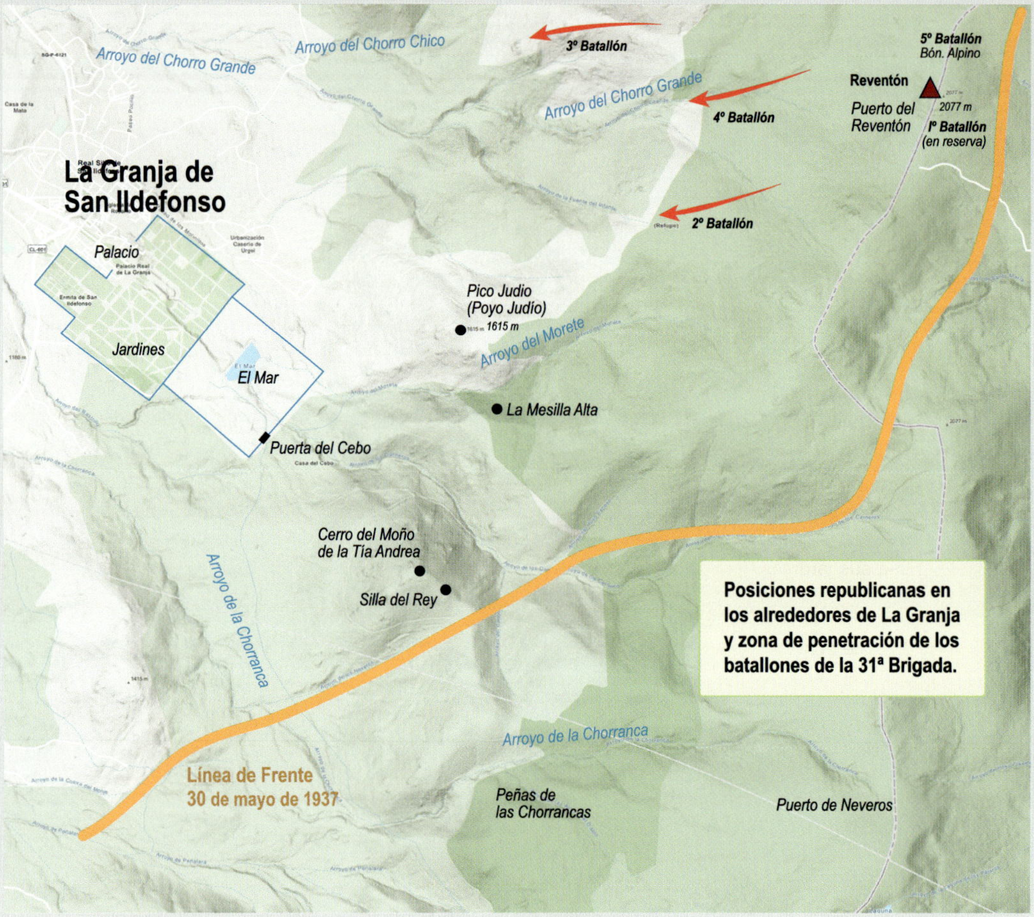

Map 1 — La Granja de San Ildefonso:

Arroyo del Chorro Grande

Arroyo del Chorro Chico

3º Batallón

Arroyo del Chorro Grande

4º Batallón

5º Batallón
Bón. Alpino

Reventón

2077 m

Puerto del
Reventón

Iº Batallón
(en reserva)

2º Batallón

**La Granja de
San Ildefonso**

Palacio

Pico Judio
(Poyo Judio)
1615 m

Arroyo del Morete

Jardines

El Mar

La Mesilla Alta

Puerta del Cebo

Cerro del Moño
de la Tía Andrea

Silla del Rey

Arroyo de la Chorranca

Posiciones republicanas en
los alrededores de La Granja
y zona de penetración de los
batallones de la 31ª Brigada.

Arroyo de la Chorranca

Línea de Frente
30 de mayo de 1937

Peñas de
las Chorrancas

Puerto de Neveros

Map 2 — Sector Alto del León:

Sierra de
Quintanar

La Mujer Muerta

Pto. de la
Navafria

Pto. de
Navacerrada

Casa de la
Campanilla

Peñota

Sector Alto del León

Estación de
El Espinar

Peña del
Cuervo

Cercedilla

Cabeza
Reina

Gudillos

La Sevillana

Los Molinos

Navacerrada

El Espinar

Tablada

San Rafael

Pto. del
Alto del León

Cueva
Valiente

Cabeza
Líjar

Piñonero

Loma del
Requeté

Collado
Mediano

Guadarrama

Posiciones republicanas

Posiciones nacionales

La Salamanca

Arriba. Vista del palacio de La Granja desde sus jardines.

Centro y arriba, derecha. Huellas de impactos en las verjas del palacio e impactos (balas) aún presentes en la fachada principal.

Restos de la batalla 86 años después

Restos de metralla y proyectiles encontrados en Cabeza Grande.

13

Por lo que respecta al puerto de Somosierra, los acontecimientos fueron similares a los del Alto del León, pero menos virulentos, ya que ambas partes emplearon menos esfuerzo y menos efectivos. Las milicias madrileñas arrebataron el puerto de Somosierra, el 22 de julio, al pequeño contingente de Renovación Española encabezado por los hermanos Miralles, pero lo perdieron dos días después ante la columna procedente de Aranda de Duero, al mando del coronel García Escámez. Los sublevados se desplegaron por la vertiente sur amenazando Buitrago donde se concentró el mando republicano.

Largo Caballero y Wenceslao Carrillo en la carretera de subida al Puerto de Navacerrada.

El sector central del frente quedó inmovilizado por completo desde el 6 de agosto de 1936, último día en que hubo combates serios. En esa jornada los rebeldes conquistaron el cerro Matabueyes y la Cruz de la Gallega, posiciones importantes en torno a Valsaín, que cobrarán importancia durante la batalla de La Granja. En los sectores del Alto del León y de Somosierra hubo todavía ciertos movimientos en septiembre, sin mayor trascendencia, exceptuando la toma del puerto de Navafría por los nacionales, que se verificó el día 17 de ese mes. El destacado líder socialista italiano Pietro Nenni, presente en España en agosto, describía así en su diario la situación del frente durante aquellas jornadas:

«En Somosierra no hay nada nuevo. No es por ahora una posición muy importante: solo lo sería en el caso de que los rebeldes decidieran intentar una marcha sobre Madrid.

En la sierra del Guadarrama, la lucha es más severa y después de Dos Molinos (sic) vuelvo a encontrar el rostro de la guerra. Casas despanzurradas por los cañones. Marañas de hilos telefónicos y telegráficos. Puestos de socorro. Algunos disparos de fusil. Algunas salvas de ametralladora. La artillería está callada. (…) No hay realmente una línea de fuego, sino nidos de ametralladoras y puestos de observación».

Explanada del Alto del León desde La Sevillana mirando hacia Cabeza Líjar (Foto Óscar González).

El frío del otoño en la sierra, unido al avance del Ejército de África desde Extremadura, desvió el interés estratégico de los con-

Soldados del Batallón Alpino republicano.

tendientes hacia la capital de España. La sierra de Madrid pasó entonces a convertirse en un bastión estático donde ambas partes se limitaban a vigilarse mutuamente y a intercambiar disparos recordatorios de la existencia de guerra. Aquel frente ya no sufriría variación alguna hasta la primavera siguiente.

A pesar de las incursiones republicanas de las tropas *frentepopulistas* por la llanura castellana y los sangrientos combates veraniegos en la sierra, y de que parte de su territorio estaba en manos republicanas, Segovia puede ser considerada una provincia nacional desde el comienzo del conflicto. Su posición geográfica era comprometida por su cercanía a Madrid. La línea de contacto con el enemigo se encontraba muy cerca de la capital segoviana, un poco más al sur de La Granja, a 14 km. A vista de pájaro de la sierra, la capital no estaba al alcance de la artillería enemiga, sí de su aviación. Los primeros bombardeos se sufrieron el 26 y el 27 de julio, con el resultado de un muerto y algunos heridos. En los meses siguientes hubo algunos otros bombardeos aéreos, también sin importancia, que no consiguieron alterar la vida ciudadana.

 ## Los bombardeos sobre Segovia capital en 1936

El 26 de julio de 1936, la capital segoviana sufrió el primer raid aéreo. Ese día, las bombas provocaron dos heridos en la zona de La Dehesa. El día 27, otro bombardeo mató a un anciano cerca de la estación de tren, objetivo de los aviones republicanos. El 1 de agosto, dos personas murieron en la calle Martínez Campos en un nuevo ataque aéreo. Sin lugar a dudas, fue el del día 14 de agosto el peor bombardeo que sufrió la ciudad, causan-

do la muerte a siete personas, dos de ellas niños, e hiriendo a otras 14. Al desaparecer los aviones republicanos, una manifestación espontánea se dirigió por la calle Cervantes, pidiendo la entrega de los presos detenidos en el edificio de la actual Biblioteca Pública-Casa de la Lectura, habilitada entonces como cárcel provisional. El último bombardeo republicano se produjo el 30 de agosto, con el trágico saldo de 4 muertos y 14 heridos.

En Segovia, las nuevas autoridades civiles, las numerosas milicias de Acción Popular, las emergentes de Falange y las escasas del Requeté, se pusieron al servicio de los golpistas, y, como el resto de capitales de la zona de Castilla la Vieja, la urbe se militarizó adoptando las costumbres y ritmos bélicos propios del momento. La guerra se encontraba en la sierra y la comunicación directa con el resto de la zona nacional permitía un alto flujo de abastecimientos. Gracias a ello, el alfoz de Segovia vivió la guerra de manera atenuada librándose de las exigencias y penurias que padecían otras provincias.

Segovia, nudo de comunicaciones de relativa importancia, se convirtió en un punto fuerte del despliegue rebelde al norte inmediato del Sistema Central. La línea de contacto con el enemigo en este frente era discontinua y venía marcada por las operaciones del primer verano de guerra. Estaba dividida en tres sectores.

Tropas nacionales en las faldas del Pico Nevero.

En el sector del vital enclave del Alto del León, las cotas en manos nacionales, Cueva Valiente, Cabeza Líjar, la Loma de los Requetés, Collado del Hornillo o Las Campanillas, enfrentaban otras alturas dominadas por los republicanos como La Salamanca, la Peñota y la Peña del Cuervo. El paso del León suponía un estratégico y profundo entrante en el despliegue republicano. Los nacionales no solo dominaban la altura, sino que sus posiciones llegaban a 3000 m de las primeras casas del pueblo de Guadarrama.

En el sector de Navacerrada, en la vertiente norte, la carretera de San Rafael a Segovia hacía de divisoria. Ante Otero de los Herreros y Ortigosa del Monte los republicanos controlaban las cumbres de la Sierra de Quintanar y la Mujer Muerta, teniendo a la vista desde el puerto de Pasapán el alfoz de Segovia; frente a Revenga, los espesos pinares de Navahermosa se hallaban cuajados de trincheras de los gubernamentales; ante Valsaín, protegida por unos densos bosques, auténtico mar de vegetación y

Puente de la Cantina, en las Siete Revueltas, camino de Navacerrada. Todo el terreno a partir de él estaba controlado por las tropas republicanas (Foto Óscar González).

sombra, el monte Matabueyes y la Cruz de la Gallega —posiciones aisladas en manos de los nacionales— ejercían de bastiones de la vanguardia de los sublevados. En las cercanías se encontraban en manos republicanas la Pescada y Cueva del Monje, y ante La Granja de San Ildefonso, los enclaves de la Pedrona y la Silla del Rey, en las faldas del Pico del Reventón.

Los despliegues de ambos contendientes, sobre una orografía agreste y con tanta pobreza de efectivos, eran bastante precarios. La defensa se apoyaba en la dureza del terreno y en la ausencia de carreteras o caminos importantes. La línea no podía cubrirse por entero. Los espacios entre los reductos favorecían las incursiones y el paso de las patrullas. Y por la noche, en algunos puntos, incluso los civiles cruzaban con impunidad de una a otra zona. De hecho, los jardines del Palacio de La Granja se consideraban tierra de nadie, donde adentrarse suponía un gran peligro. Las ventanas del palacio, en primera línea del frente, estaban incluso protegidas por sacos terreros.

Juan Modesto Guilloto, destacado comunista y militar republicano, participó en los primeros combates por la toma de Valsaín, en julio de 1936.

Impacto aún presente en la cornisa de una ventada de la Casa de los Infantes (actual Parador de Turismo de La Granja) (Foto Óscar González)

Puerta de Segovia en La Granja. La milicia local excavó una trinchera defensiva en este punto. Al fondo es visible El Reventón, altura en poder de las tropas republicanas (Foto Óscar González).

OBJETIVOS REPUBLICANOS AMBICIOSOS

Situación estratégica

En la primavera de 1937, tras los fracasos cosechados en el teatro de operaciones del centro, en las riberas del Jarama y en tierras de Guadalajara, el Ejército nacional había dirigido el punto mira hacia el norte de España. Franco quería apoderarse de Vizcaya, una provincia relativamente aislada y rica en recursos industriales y demográficos que le inmovilizaba muchas

LOS SUCESOS DE MAYO

Mientras la guerra se aceleraba en el frente norte, en la retaguardia republicana se había producido una pequeña guerra civil de efectos concluyentes. Dos facciones contrapuestas se habían enfrentado, a tiro limpio y a

tiro menos limpio, en las calles de Barcelona y en otros puntos del país, fundamentalmente en Cataluña. Los partidos de corte revolucionario, CNT y POUM, partidarios de simultanear la conducción de la guerra y la imposición de la revolución, se enfrentaron a las fuerzas gubernamentales, la Guardia de Asalto y los partidos PSUC y PCE, que apoyaban la línea estalinista de sujetar todo «a la victoria contra los fascistas», es decir, primero ganar la guerra y luego

hacer la revolución. Estos sucesos afectaron significativamente a la cohesión de las fuerzas republicanas y tuvieron un hondo impacto en intelectuales republicanos que no comulgaban con las ideas revolucionarias. Así, el periodista Manuel Chaves Nogales se exilió en 1937, desencantado al comprobar la deriva que tomó el gobierno republicano.

Largo Caballero fue sustituido el 18 de mayo de 1937 por el catedrático de fisiología Juan Negrín López, hasta entonces ministro de Hacienda. Este socialista formó con mayoría de su partido, del PCE y de Izquierda Republicana lo que pronto sería conocido por la propagada republicana como el «Gobierno de la Victoria».

El general Miaja (4° por la derecha).

fuerzas y enturbiaba la situación internacional, ya que la «propaganda separatista» encontraba buena acogida sobre todo en Inglaterra.

El 31 de marzo se desató la ofensiva sobre Vizcaya. A comienzos de mayo, el Ejército del general Mola —las Brigadas de Navarra— se encontraba en la línea exterior defensiva próxima al Cinturón de Hierro bilbaíno. Se había avanzado con lentitud y sin descanso y la campaña estaba resultando más larga y dura de lo previsto por el mando nacional. Pero, ¿qué capacidad de resistencia le quedaba al Cuerpo de Ejército de Euzkadi?; ¿cuánto tiempo permanecería Bilbao en manos de la República?

◄━ MANDO ÚNICO REPUBLICANO EN LA DIRECCIÓN DE LA GUERRA ━►

El nuevo gobierno republicano, sabedor del funcionamiento del gobierno oponente nacional, que había establecido la Junta Técnica del Estado para tareas administrativas y el Cuartel General del Generalísimo como mando único militar, decidió implantar una nueva política de guerra. Por un lado, el Consejo de Ministros para la gobernanza política del país, y por otro, el departamento de Defensa Nacional que unificaba los ministerios de la Guerra, cuyo titular hasta entonces había sido el defenestrado Largo Caballero y el de Aire y Marina, cuyo titular, Indalecio Prieto, se quedaba ocupando la nueva cartera. El neonato ministerio de Defensa se es-

tructuró en cuatro subsecretarías: Tierra, Marina, Aviación y Armamento (de esta última hizo depender a la militarizada industria de guerra). Además, Prieto nombró, como jefe del Estado Mayor Central para la dirección estratégica global, al coronel Vicente Rojo, hasta entonces brillante jefe del Estado Mayor de las Fuerzas de Defensa de Madrid.

Juan Negrín, Vicente Rojo, Indalecio Prieto.

Soldado republicano según una ilustración de la época, tocado con el característico casco Trubia M26.

La defenestración de Largo Caballero tras los sucesos de mayo en Barcelona, aparcaba el proyecto de ofensiva en Extremadura (el llamado «Plan P», que luego trataría de resucitarse), un ataque contundente y en profundidad sobre Mérida, Oropesa y Valdemorillo-Brunete-Villaviciosa de Odón cuyo objetivo era llegar a la frontera portuguesa y partir en dos la zona nacional aislando Castilla la Vieja de Andalucía. El plan había sido ideado por el coronel Aureliano Álvarez-Coque, jefe accidental del Estado Mayor Central.

La situación política y militar general, invitaba a un cambio de rumbo y de estilo en la manera de enfocar la guerra. Era necesario tomar la iniciativa y cambiar el signo de la contienda lanzándose al ataque con «sorpresa, decisión y audacia». Pero, ¿dónde?

A todas las anteriores consideraciones había que añadir otra más de carácter crucial: la ofensiva rebelde sobre el norte. Euzkadi estaba en una situación cada vez más angustiosa y el nuevo ministro de Defensa Nacional, Indalecio Prieto —bilbaíno y muy sensible a lo que estaba ocurriendo en su tierra natal—, propuso una serie de operaciones para obligar al enemigo a trasladar efectivos a otros frentes.

El ojo estratégico republicano terminó por dirigirse inevitablemente sobre la sierra de Guadarrama, y más en concreto, sobre el sector de la Granja y Segovia capital. «La acción enérgica» que se proyectó sobre ciudad castellana, en palabras del general José Miaja —siguiendo al pie de la letra las instrucciones de Prieto—, obedeció, pues, a este cúmulo de circunstancias.

El Ejército del Centro republicano en mayo de 1937

Milicianos republicanos en un puesto de control en Collado Villalba, en la carretera a Segovia.

El Ejército del Centro llevaba un tiempo tratando de crear una masa de maniobra capaz de emprender acciones ofensivas de calado. Trabajaba contra reloj y en un contexto muy complicado para reclutar e instruir nuevos batallones, formados por reclutas sin experiencia junto a otros ya fogueados durante el primer año de guerra, compuestos por una notable cantidad de voluntarios bien motivados ideológica y políticamente, algo que les confería un estatus de mejores soldados. Convertir estos nuevos batallones en unidades de combate no era tarea fácil.

A comienzos del mes de mayo de 1937, el frente de Guadarrama estaba cubierto por la 2ª División republicana, perteneciente al I Cuerpo de Ejército del coronel Domingo Moriones y Larraga, cuyo puesto de mando divisionario se encontraba en Los Berrocales, entre Alpedrete y el pueblo de Guadarrama. Este cuerpo había sido creado el 22 de marzo de 1937 y guarnecía el frente de la Sierra de Madrid, desde El Escorial hasta Somosierra, con tres divisiones (la 1ª, 2ª y 3ª).

Camión republicano transportando tropas a Navacerrada durante la ofensiva de La Granja.

La 2ª División, al mando del teniente coronel Luis Barceló, llevaba largo tiempo desplegada en dicho frente. La integraban casi 13 000 hombres agrupados en tres brigadas mixtas: la 31ª, al mando del mayor de milicias Francisco del Cacho, la 29ª, al mando de teniente coronel Manuel Alonso, y la 30ª, al mando del mayor de milicias Manuel Tagüeña. Sus posiciones se extendían desde las alturas al nordeste de La Granja, frente al vértice Atalaya, a las emplazadas al sur de Cueva Valiente y Cabeza Líjar, en el sector del Alto del León. Un detalle que no hay que pasar por alto es que los jefes de esta división eran en su mayoría comunistas. Sobre el papel, la 2ª División contaba como elementos de fuego propio con 25 piezas de artillería de campaña (11 piezas en la Peña del Cuervo, a las órdenes del capitán Cano, cinco piezas en Peña Citores, bajo mando del capitán Julián Castro y nueve más en el Pico Reventón, dependientes del capitán José Morales), 27 morteros y 24 lanzabombas.

Al frente del Ejército del Centro se encontraba el general Miaja, ejerciendo como jefe de Estado Mayor desde el 20 de mayo el teniente coronel Manuel Matallana Goméz, sustituyendo al coronel Vicente Rojo, elegido para la Jefatura del Estado Mayor Central en Valencia.

Operación preparatoria de otra ofensiva de mayor escala

El mando central republicano concibió el ataque sobre Segovia con tres objetivos convergentes. El primero de ellos era claro. Se organizaba este ataque como una operación de fogueo del Ejército del Centro, como un ensayo preliminar de la gran ofensiva que se estaba fraguando para sacudirse el cerco de Madrid, provocar el colapso del Ejército nacional y dar un giro decisivo a la guerra. En sí misma, si la operación era exitosa y se conseguía capturar Segovia, la meseta de Castilla la Vieja quedaba abierta y la República podría amenazar se-

La Salamanca · Cueva Valiente · Cabeza Líjar · Valle de los Caídos · Cerro Piñonero · Alto del León · La Sevillana

riamente esta región, ya que no habría obstáculos importantes para invadir el valle del Duero. En segundo lugar, el ataque quería aliviar al frente norte republicano, tal y como indicó el nuevo ministro de Defensa Nacional, Indalecio Prieto, en su primera directiva general dictada el 25 de mayo de 1937 y consensuada con su colaborador directo, el coronel Vicente Rojo, recién llegado a Valencia. Y, en tercer lugar, se pretendía proyectar una imagen positiva del nuevo Ejército Popular, tanto a nivel interno como externo. La retaguardia republicana necesitaba contemplar a sus soldados saboreando una victoria rotunda —aunque no fuera de grandes dimensiones—, y las cancillerías de los países pendientes del conflicto debían visualizar que la República española era capaz de acabar con la rebelión.

Rojo, con el horizonte puesto en romper el cerco de Madrid, se puso al habla con el general Miaja. Y este, junto al citado teniente coronel Matallana, desempolvó un plan diseñado en el mes de marzo anterior, relativo al frente de Guadarrama. Los tres estrategas y sus respectivos equipos coincidieron en apostar sobre el sector de Navacerrada, poco guarnecido y próximo a una capital como Segovia cuyas defensas directas eran inexistentes.

El ataque a nivel táctico se perfiló mediante varias órdenes dictadas por el general Miaja. El plan de ataque contemplaba dos ejes de avance, La Granja-Segovia y el puerto del Alto del León. El ataque en este último sector sería secundario —«demostrativo»— y tenía como finalidad fijar fuerzas para detraerlas de la defensa de Segovia, el objetivo principal.

Vista aérea de la vertiente sur del sector del Alto del León, El puerto está a la derecha de la imagen. Junto a él, más a la derecha y cerca del cortafuegos, La Sevillana (1556 m). A la izquierda del puerto, Cerro Piñonero (1546 m), Cabeza Líjar (1824 m), Cueva Valiente (1903 m) y La Salamanca (1786 m), cota republicana, a cuyos pies se sitúa el embalse de La Jarosa. En la parte superior izquierda, el Valle de los Caídos y el embalse de La Aceña, junto a Peguerinos (Foto Óscar González).

Unidades republicanas intervinientes en la operación

Unidades (Dependencia orgánica dentro del Ejército del Centro)	Mando	Dependencia Funcional durante la batalla	Misión u objetivo táctico
29ª Brigada (2ª División)	Teniente coronel de Infantería Manuel Alonso Maraver	Agrupación Barceló	Ataque secundario al Alto del León
30ª Brigada (2ª División)	Mayor de milicias Manuel Tagüeña Lacorte	Agrupación Barceló	Ataque secundario al Alto del León
31ª Brigada (2ª División)	Mayor de milicias Francisco del Cacho Villaroig	General Walter /Agrupación B (Walter) a partir 2 de junio	Ataque principal a La Granja
3ª Brigada (10ª División)	Capitán de caballería Joaquín de Zulueta Isasi/ Mayor de milicias Antonio Pérez Quijano a partir del 2 de junio	Agrupación Barceló/dos batallones pasaron a la Agrupación A (Galán) el 2 de junio/dos batallones pasaron a la Agrupación B (Walter) como reserva el 2 de junio	Ataque secundario al Alto del León/Ataque principal a La Granja
69ª Brigada (35ª División)	Mayor de milicias Gustavo Durán Martínez	General Walter/Agrupación A (Galán) a partir 2 de junio	Ataque principal a La Granja
XIV Brigada Internacional (35ª División)	Teniente coronel Jules Dumont	General Walter /Agrupación B (Walter) a partir 2 de junio	Ataque principal a La Granja
21ª Brigada (18ª División)	Comandante de Artillería Francisco Gil Díaz-Pallarés	General Walter/Agrupación A (Galán) a partir del 2 de junio	Reserva del Cuerpo de Ejército I/ Ataque principal a La Granja el 1 de junio

Batallón Alpino (Ejército del Centro)	Comandante de milicias Joaquín Rodríguez López	31ª Brigada Mixta	Cobertura de flanco en el ataque principal a La Granja
Compañía de Tanques. (Ejército del Centro)		General Walter. 10 blindados y 2 T-26B agregados a la XIV BM, 7 T-26B a la 69ª BM y 7 T-26B como reserva inmediata/ 11 carros y blindados pasaron a la Agrupación A (Galán) el 2 de junio y probablemente 5 carros y blindados a la Agrupación B (Walter)	Ataque principal a La Granja
Compañía de Tanques (Ejército del Centro)		Ejército del Centro. General Miaja	Reserva en Collado Villalba. No entró en acción
Compañía de Especialidades (Ejército del Centro)		Ejército del Centro. General Miaja	Reserva en Collado Villalba. No entró en acción
Artillería Agrupación Guadarrama 4 baterías (una de 70 mm de montaña, otra de 75 mm y otra de 105 mm) más otras piezas sueltas	Capitán Cano	Mayor de artillería Carlos Amores Riedel (sustituido el 3 de junio por el mayor de artillería Miguel Morales Santisteban)	Ataque secundario al Alto del León
Agrupación Navacerrada dos baterías (1 de 155 mm y otra de 105 mm) más otra batería de 75 mm el 1 de junio	Capitán Julián Castro	Mayor de artillería Carlos Amores Riedel (sustituido el 3 de junio por el mayor de artillería Miguel Morales Santisteban)	Ataque principal a La Granja
Agrupación Pico del Reventón 4 baterías (una de 75 mm, otra de 105 mm y otra de 155 mm) más otras piezas sueltas/ (más una batería de 114,3 mm el 1 de junio)	Capitán José Morales	Mayor de artillería Carlos Amores Riedel (sustituido el 3 de junio por el mayor de artillería Miguel Morales Santisteban)	Ataque principal a La Granja
Batería Antiaérea independiente (piezas Oerlikon) (distribuyó sus piezas entre las agrupaciones)	Teniente Sánchez Robles	Mayor de artillería Carlos Amores Riedel (sustituido el 3 de junio por el mayor de artillería Miguel Morales Santisteban)	Ataque principal a La Granja

Aviación	Capitán	Jefatura de las Fuerzas Aéreas de la	Ataque secun-
Grupo n.º 12 Tupolev SB-2 *Katiuska* (dos escuadrillas)	Fernando Hernández Franch	República	dario al Alto del León/Ataque principal a La Granja
Grupo n.º 20 Polikarpov RZ *Natacha* (dos escuadrillas)		Caza soviético Polikarpov I-16 Mosca	
Grupo n.º 15 Polikarpov R.5 *Rasante* (una escuadrilla)			
Dos escuadrillas cazas Polikarpov I-16 *Mosca*			
Dos escuadrillas cazas Polikarpov I-15 *Chato*			

El mando republicano ordenó que fuera la 2ª División, desplegada en este frente, la unidad encargada de atacar en los dos ejes de avance indicados. Lo haría, claro está, junto a otras unidades de refuerzo.

En las órdenes emanadas por el Estado Mayor del Ejército del Centro se hacía hincapié en la necesidad de atacar por «sorpresa, con decisión y audacia», para evitar un combate de desgaste «contrario a la finalidad que se persigue». Se preveía, no obstante, que, si la progresión fracasaba, es decir, si no se alcanzaba Segovia capital o incluso si se conquistaba esta plaza, pero el enemigo acudía con «fuertes reservas», el I Cuerpo de Ejército quedaba facultado para retirarse a la línea La Granja-Valsaín y atrincherarse en las posiciones de la sierra que permitían seguir dominando la vertiente norte.

Brigadistas internacionales cargando munición para ametralladora Colt 1895 en los alrededores de Valsaín (Archivo Antonio Passaporte).

El Alto del León sería atacado por la agrupación dirigida por el teniente coronel Luis Barceló por tres brigadas, la 29ª y la 30ª brigadas de la 2ª División —la última, reforzada con una batería de apoyo— y la 3ª Brigada de la 10ª División. Este ataque de diversión estaría dirigido por el teniente coronel Luis Barceló.

Tomar La Granja se encomendó a una de las brigadas de la 2ª División, la 31ª, que sería acompañada de otras dos brigadas de carácter ofensivo («de choque») aportadas por la 35ª División del V Cuerpo de Ejército: la 69ª del mayor de milicias Gustavo Durán, compositor y pianista para más señas, y la XIV Internacional, al mando del teniente coronel Jules Dumont, de nacionalidad francesa. La 3ª Brigada de Carabineros, unidad baqueteada en el frente de

Madrid desde primera hora, también se añadiría al refuerzo aportado por la 35ª División. Finalmente, una compañía de carros se emplearía en el ataque principal sobre La Granja. La ofensiva estaría dirigida y ejecutada sobre el terreno por el jefe de la 35ª División, el general Walter (el polaco sovietizado Karol Wacław Świerczewski). A título anecdótico, debemos mencionar que este comunista contó en su Estado Mayor con dos rusos blancos, el capitán Andre Escimontowsky y el teniente Theodore Malkmus. Ambos, antiguos enemigos acérrimos de la causa bolchevique, se convirtieron en estrechos colaboradores e incluso amigos del polaco. De hecho, Escimontowsky sirvió como observador de Walter en la Peña Citores, puesto avanzado del dispositivo republicano. Este antiguo oficial zarista preparó minuciosos informes días antes del ataque, algo que el general polaco pagó con generosas raciones de coñac.

El general Walter (centro) rodeado del Estado Mayor de la 35ª División. Su puesto de mando se situaba en la casa del peón caminero, al término de las Siete Revueltas, en el km 28 de la carretera La Granja-Villalba. (Archivo Antonio Passaporte).

Como reserva a disposición del I Cuerpo de Ejército, tanto Walter como Barceló dispondrían de una compañía de carros transportados en camiones, una compañía de Especialidades (Destrucción y Detención), así como la 21ª Brigada al mando del mayor Juan De Pablo Janssen (aunque en la batalla esta unidad la dirigirá Francisco Gil Díaz-Pallarés), apoyada por artillería y perteneciente a la 34ª División. Por lo que respecta a la artillería, 27 piezas de varios calibres, más la batería de 114,3 mm de la XIV Brigada Internacional, aportarían la potencia de fuego necesaria en los dos sectores.

Esta reserva reforzaría el ataque o explotaría el posible éxito inicial del mismo, penetrando con profundidad en las líneas rebeldes. En este último caso, se optaría por tres posibilidades —todas ellas dañarían, sin duda, el entramado defensivo franquista—, o bien avanzar hacia el nordeste, envolviendo Somosierra, o bien penetrar hacia el suroeste, directamente sobre El Espinar uniéndose a las fuerzas que atacaran el Alto del León, o bien hacia el norte.

El peso inicial de la acción principal iba a recaer en la 31ª Brigada. En la orden dictada a las 12:30 h del 29 de mayo por el jefe de la misma, Francisco del Cacho, se detallaba la operación. Tras hacer una acertada descripción del despliegue enemigo, e insistir en el ataque «por sorpresa mediante una acción enérgica», se señala como objetivo para la brigada «apoderarse de La Granja» con el

GENERAL WALTER, EL «GENERAL SOVIÉTICO QUE NUNCA PENSABA»

Karol Wacław Świerczewski, nombre real del General Walter, fue un polaco que sirvió toda su vida a la causa comunista como un destacado líder militar soviético. Nació en Varsovia el 22 de febrero de 1897 y en 1915 fue obligado por las tropas zaristas rusas a trasladarse a Moscú. En 1918 abrazó la causa bolchevique y, paradójicamente, peleó contra sus compatriotas en la guerra polaco-soviética de 1919. De nuevo en la URSS, desde 1921 Walter fue profesor en la Escuela Soviética de Comisarios y seis años más tarde se graduó en la famosa Academia Militar Frunze. Desde 1931, nuestro protagonista estuvo involucrado en el entrenamiento en técnicas revolucionarias de comunistas españoles desplazados por el Komintern a Moscú. Fue en esa época cuando se le empezó a apodar General Walter.

En 1936, con el estallido de la Guerra Civil española, se desplazó a España, dirigiendo inicialmente la XIV Brigada Internacional y posteriormente la 35ª División Internacional en la ofensiva de La Granja-Segovia. También peleó en Brunete, Belchite, Teruel, en el Frente de Aragón y en la Batalla del Ebro. En 1938, abandonó definitivamente nuestro país.

En su célebre novela *Por quién doblan las campanas*, Hemingway realiza un breve pero agudo retrato de Walter, a través del general Golz, trasunto del comunista polaco. Así, no exento de ironía, Hemingway perfila la imagen de un militar con «tez blanca, ojos de halcón y cabeza rapada», donde no hay lugar ni para el sentimiento ni para la reflexión: «Nunca pienso en absoluto. ¿Por qué debería hacerlo? Soy un general soviético. Nunca pienso. No intentes atraparme con reflexiones», llegará a confesar Golz.

Durante la II Guerra Mundial, Walter sirvió como general en las filas del Ejército Rojo, llegando a dirigir en 1941 la 248ª División de Infantería, pero su aparente incompetencia y su galopante alcoholismo le llevaron a ocupar puestos de retaguardia, lejos del frente. En 1945 dirigió el Segundo Ejército Polaco en la lucha contra los alemanes en el oeste de Polonia. Su liderazgo durante la Batalla de Bautzen fue duramente criticado, pero su peso en todo el aparato político soviético le protegió de ser depurado. Así, fue tratado como un héroe al final de la guerra, convirtiéndose en viceministro de Defensa polaco en 1946.

Walter falleció en Baligród el 28 de marzo de 1947, herido mortalmente en una emboscada cuando se dirigía a inspeccionar a las tropas polacas que combatían contra los insurgentes ucranianos. A partir de 1989, coincidiendo con el fin del dominio comunista en Polonia, las calles dedicadas a Walter fueron renombradas y muchos monumentos erigidos en su memoria, derribados.

Otro comunista polaco refugiado en la ciudad francesa de Ruan, Alexander Szurek, ejerció de escolta y ayudante de Walter durante la ofensiva de La Granja. No fue el único compatriota de Walter en La Granja. De hecho, Mieczyslaw Domanski, conocido como *doctor Dubois*, jugó un papel importante en las filas de los internacionales, convirtiéndose en el jefe sanitario de la XIV Brigada Internacional. En la Batalla de La Granja atendió a los heridos junto al doctor Bernstein en un hospital de campaña instalado en un claro del pinar de Valsaín, cerca del enclave conocido como Cuatro Caminos. Dubois cayó en combate en el Frente de Aragón el 25 de agosto de 1937.

objeto de «fijar la reserva del enemigo» y arrebatarle posiciones. La 31ª Brigada se iba a emplear a fondo, con sus cuatro batallones más dos compañías del quinto batallón recién formado.

Por su flanco izquierdo, al oeste, avanzaría la XIV Internacional con sus cuatro batallones (unos 3000 hombres): *9º Commune de Paris, 10º Domingo Germinal, 12º Ralph Fox y 13º Henri Barbusse.* No obstante, estos batallones eran escasos en efectivos, llegando alguno de ellos a tener 180 hombres, algo que constató en su informe del 7 de junio de 1937 el jefe de operaciones del Primer Cuerpo de Ejército, el capitán Alejandro Veramendi Bueno. Por su flanco derecho, al este, quedaba afecta tácticamente a la XIV Brigada el Batallón Alpino (unidad que contaba con 714 hombres) emplazado en el Puerto del Reventón.

Por lo que respecta a la aviación, tras el bombardeo inicial debería efectuar misiones de reconocimiento, caza y bombardeo, a tenor de las órdenes efectuadas por el mando del I Cuerpo de Ejército. Estos eran los medios de los que disponían los republicanos:

Dos escuadrillas cazas I-16 *Mosca* (14 aviones)

Dos escuadrillas de cazas I-15 *Chato*[1] (18 aviones)

Una Escuadrilla del Grupo n.º 15 de Polikarpov R-5 *Rasante* (21 aviones)

Dos Escuadrillas del Grupo n.º 20 de Polikarpov R-Z *Natacha* (28 aviones)

Dos Escuadrillas del Grupo n.º 12 de Tupolev SB-2 *Katiuska* (27 aviones)

Como se ha comentado anteriormente, también estaba previsto el apoyo de la artillería. En el sector de La Granja había hasta cuatro baterías; dos emplazadas en las laderas del Reventón, una del 75 mm y otra del 105 mm, una del 155 mm y otra más del 75 de acompañamiento a disposición de la 31ª Brigada.

El mayor de milicias, Gustavo Durán Martínez, dirigió a la 69ª Brigada en su ataque hacia Cabeza Grande, Cabeza Gatos y Matabueyes, alturas estratégicas en las cercanías de La Granja y Valsaín.

Las unidades de transmisiones de las brigadas, mediante red telefónica, óptica y radio, debían establecer, desde la media mañana del primer día de ataque, comunicaciones directas con los puestos de mando respectivos[2]. Los servicios de las unidades intervinientes,

---

1.- El caza Polikarpov I-15 fue apodado *Curtiss* por los nacionales, y el I-16, *Rata.*

2.- En el Sector de La Granja, los Puestos de Mando estaban situados de la siguiente manera: el del I Cuerpo de Ejército en Las Guarramillas; el de la 35ª División, en el km 28 de la Carretera Navacerrada-La Granja, en la caseta del peón caminero; el de la 31ª Brigada, en el Puerto del Reventón y el del Batallón Alpino, en Malagosto.

con base en Rascafría y en Guadarrama, debían de cubrir las necesidades sanitarias y de intendencia de las tropas intervinientes, al menos para tres días de combate.

 ## ¿BLINDADOS, CARROS, ORUGAS O TANQUES?

La Guerra Civil fue un conflicto intenso y complejo con múltiples factores y actores. Eso incide en la variedad de términos (y de conceptos) existente en las fuentes históricas escritas que se manejan para su estudio. El armamento y las unidades son dos campos donde se aprecia y se padece esa mutabilidad que provoca no pocas confusiones.

Los medios blindados o acorazados no se libran de este serio inconveniente. Además de los folclóricos nombres con los que la propaganda y la jerga de la época bautizaban los modelos de ingenios blindados, en los documentos militares, incluso los generados por el mismo

contendiente, la misma gran unidad o la misma persona, a menudo se denominan los tipos de vehículos de forma genérica, sin discriminar los modelos: ¿a qué aluden ciertos informes o partes de operaciones cuando hablan de «tanque», «carro», «carro-oruga», «blindado» o «autoametralladoras-cañón»? Esta variación e indeterminación puede infectar la investigación —así lo hemos comprobado en algunos de los documentos que hemos estudiado en relación con la batalla de La Granja— y acaba trasladándose a la bibliografía, donde a veces se llama «brigada de tanques» a una compañía reforzada de T-26B o «carros de asalto» a los blindados BA-6. El mismo Hemingway en su novela *Por quién doblan las campanas*, ambientada en los prolegómenos de la batalla, indica con ironía que «en aquellos días los españoles llamábamos tanque a cualquier cosa».

Hay que actuar, pues, con mucha finura para detectar a qué se está refiriendo el autor del documento o del trabajo de investigación cuando menciona cierto armamento u otros medios de combate.

 ## LA DURA VIDA DEL TANQUISTA REPUBLICANO

(Informe un oficial de la Brigada de Tanques, 11 de julio de 1937, a las 21:00 h)

MALAGA ESTA SIENDO VENGADA EN MADRID
Un tanque alemán cogido en el frente de Madrid. Nuestros combatientes tienen el proyecto de establecer un almacen de chatarra, porque ya son varios...

«Se hace presente el gran calor y consiguiente fatiga a que está sometido el personal de los tanques, lo que, unido a lo tarde que se retiran del campo de la acción, hace que los equipos se agoten. La circunstancia de retirarse tarde hace que lleguen bien entrada la noche a sus bases, en las que han de reponer municiones y combustible, quedándole muy poco tiempo al personal para el descanso. La Infantería no comprende el pesado trabajo a que está sometido el personal de tanques».

Los medios blindados republicanos

Los blindados que iban a intervenir salieron camino de la sierra desde su base de Alcalá de Henares —el antiguo acuartelamiento del Batallón Ciclista, unidad de Caballería adscrita a la 1ª División Orgánica— camino de la sierra. Al llegar a Collado Villalba se dividieron en dos compañías, una quedó allí estacionada como reserva y la otra, la que avanzaría con las brigadas de choque, continuó por la carretera de Segovia hacia Navacerrada.

Esta última se detuvo en la Estación Alpina de Biología del Guadarrama, en El Ventorrillo, apenas a cinco km del puerto de Navacerrada, en la vertiente sur. En El Ventorrillo se concentraron 26 ingenios blindados, «tanques y carros» —las fuentes nacionales hablan de «30 tanques», cuatro más de los reales—. Contrastando las diversas fuentes se llega a la conclusión de que fueron 16 carros T-26B y 10 blindados ligeros de los cuales dos eran con seguridad BA-6[3]. Los otros ocho blindados ligeros debieron de ser ZIS-5/Ford

---

3.- Los BA-6, como es sabido, montaban el mismo cañón de 45 mm y la misma torre

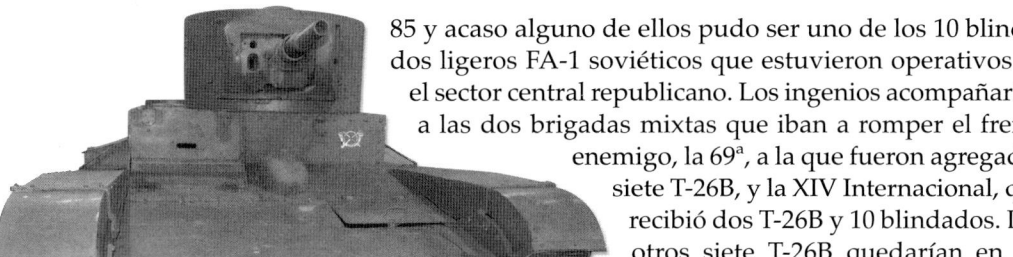

85 y acaso alguno de ellos pudo ser uno de los 10 blindados ligeros FA-1 soviéticos que estuvieron operativos en el sector central republicano. Los ingenios acompañarían a las dos brigadas mixtas que iban a romper el frente enemigo, la 69ª, a la que fueron agregados siete T-26B, y la XIV Internacional, que recibió dos T-26B y 10 blindados. Los otros siete T-26B quedarían en reserva inmediata, en el kilómetro 19 de la carretera a La Granja, en el Club Alpino, para intervenir dónde y cuándo fuera necesario[4].

Carro soviético T-26 presente en el Museo de Blindados de El Goloso, Madrid (Foto Óscar González).

Es de reseñar que los tripulantes de los vehículos eran todos españoles, «poco prácticos» e «inexpertos», a juicio de algunos autores[5].

A nivel táctico los jefes y comisarios de las unidades intervinientes en la ofensiva contaban con una reciente y extensa instrucción elaborada por el coronel Vicente Rojo, con base en el ataque realizado entre el 9 y el 11 de abril de 1937, en los sectores de la Casa de Campo y de la Cuesta de las Perdices (suele denominarse ataque al Cerro de Garabitas), en el perímetro defensivo de Madrid[6]. Las brigadas mixtas 69ª y 21ª (la de reserva) gozaban, a mayores, de la experiencia directa de haber participado en ese ataque.

Como se ha señalado anteriormente, junto a las citadas brigadas operaría también una compañía de carros, que se situaría en Chozas de la Sierra —actual Soto del Real—, mientras que otra quedaría en reserva, montada sobre camiones en Collado Villalba, a disposición directa de Walter. Lo cierto es que este dispuso de menos medios blindados que los previstos en las órdenes de Miaja. Así, en un informe escrito por el polaco-soviético el 4 de junio, afirma que se le había asignado una

Reproducción de una Autoametralladora ZIS-5/Ford 85 (también denominada UNL-35), exhibida en el Museo de Blindados de El Goloso, Madrid (Foto Óscar González).

que los T-26B. Al desplazarse con ruedas y no con cadenas tenían menos capacidad de movimiento en lugares agrestes, pero eran tan temibles como sus homónimos. En España eran conocidos como Autoametralladoras-Cañón.

4.- Cf. AGMAV, C. 475, Cp. 3, doc. 2. Documento sin firmar de un mando del I Cuerpo de Ejército de fecha 30 de mayo de 1937.

5.- Cf. Castells, Andreu, *Las brigadas Internacionales*, *Las Brigadas Internacionales de la Guerra de España*, Ariel, Barcelona, 1974, p. 215 y Tremlet, Giles, *Las Brigadas Internacionales. Fascismo, libertad y la guerra civil española*, Debate, Madrid, 2020, p. 335.

6.- Informe de 18 de abril de 1937, del coronel Vicente Rojo, jefe de Estado Mayor del Ejército del Centro. AGMAV, C. 475, Cp. 15.

«compañía de tanques» con 16 carros y otra de blindados con 10 vehículos, dos de los cuales eran blindados BA-6 armados con cañón. Dos de los carros y todos los blindados fueron adscritos a la XIV Brigada, que podría avanzar con relativa facilidad por la carretera Villalba - Navacerrada - La Granja - Segovia, mientras que los 14 carros restantes quedaron en apoyo de la 69ª Brigada de Gustavo Durán cuyo eje de dirección era la pista forestal que partía desde Fuente la Reina.

Tanto los carros como la aviación estuvieron en manos soviéticas durante la ofensiva, algo que no fue en absoluto del agrado del general Miaja, consciente en todo momento de la poca coordinación entre armas. En telegrama a Prieto, tras la batalla, confesará que «ignoro siempre con qué elementos cuento, [los soviéticos] se llevan aviones y tanques sin decir una palabra».

Estación Alpina de Guadarrama, sita en El Ventorrillo, en la vertiente sur del puerto de Navacerrada, lugar de concentración de los blindados republicanos que actuaron en la ofensiva de Segovia-La Granja.

La aureola que acompañaba a la XIV Brigada Internacional le había dado una celebridad notable en el Ejército Popular y entre las tropas enemigas. Compuesta esencialmente de brigadistas franceses y belgas—de ahí su sobrenombre, «La Marsellesa»—, estaba catalogada como unidad de choque. El mando quiso volver a emplearla tras su intervención en las operaciones de la Cabeza de Puente de Toledo, a comienzos del mes de mayo. El 28 de ese mes abandonaba su lugar de descanso, en Miraflores de la Sierra, trasladándose en camiones hasta la base de partida del ataque. Su Plana Mayor la componían el teniente coronel Jules Dumont, al mando de la brigada, como ya dijimos, el comisario de guerra François Vittori y el jefe de Estado Mayor, el italiano Bianco (conocido como *Krieger*). Disponía de cuatro batallones, el 9º Batallón *Commune de París*, el 10º Batallón *Domingo Germinal*, el 12º Batallón *Ralph Fox* y el 13º Batallón *Henri Barbuse*. Adscrita a la brigada también se encontraba una compañía de zapadores, formada sobre la marcha y con carácter de unidad disciplinaria.

Despliegue nacional

La defensa del frente nacional estaba encomendada al VII Cuerpo de Ejército, creado el 12 de abril de 1937, que se desplegaba desde al Alto Tajo hasta el río Guadarrama al oeste de Las Rozas (Madrid). Su jefe era el titular de la 7ª División Orgánica desde el alzamiento, el general Andrés Saliquet Zumeta —terminando la batalla de La

Granja, el 3 de junio, al ser nombrado jefe del recién creado Ejército del Centro, sería sustituido por el general José Varela Iglesias—.

Tropas nacionales en una trinchera del frente de Guadarrama (Archivo De Ochoa Ruiz-Capillas).

La sierra de Guadarrama estaba guarnecida por la División de Ávila, numerada 75 desde el 23 de mayo (antigua 2ª Brigada de la División Ávila y que poco después se renombraría 71ª División), a cuyo frente estaba el ya mencionado general Varela. El cuartel general de esta gran unidad se encontraba en Ávila capital. De oeste a este desplegaba dos brigadas (llamadas I y II), a las órdenes de los coroneles Eladio Valverde y Manuel Palenzuela, respectivamente. La II desplegaba en Guadarrama, y la I, la que sufriría el ataque principal republicano, en Valsaín / La Granja.

La I Brigada, la que nos interesa, tenía a su cargo los sectores del Alto del León y de La Granja. La vertiente norte de Navacerrada era muy extensa y la citada brigada no tenía efectivos suficientes para mantener una línea de defensa continua. Las fuerzas se concentraban en posiciones de resistencia ubicadas en la vertiente norte de la sierra colindando con la meseta.

En el sector del Alto del León, la 75ª División tenía 4045 efectivos distribuidos en el propio alto y posiciones adyacentes, en las cotas citadas anteriormente y en las comandancias de San Rafael, El Espinar y Cabeza Renales. Camino de Segovia, en el pueblo de Otero de los Herreros, se encontraba acantonado un destacamento del Regimiento Infantería La Victoria n.º 28 con 868 hombres.

En el sector de la Granja, las principales posiciones nacionales eran el collado Cruz de la Gallega, con sus grandes praderas, Cabeza Grande (1430 m), Cabeza Gatos[7] (1435 m), Mata-

Cartel de la película *Por quién doblan las campanas*, inspirada en la novela homónima de Ernest Hemingway. El premio nobel estadounidense sitúa la acción durante los prolegómenos de la ofensiva de La Granja.

7.- Ambos montes, casi gemelos, rodeados de espesos robles y frecuentados por corzos y jabalíes. Ya en el s. XV, en la época de Alfonso XI, el *Libro de la montería* decía de estos parajes: «La Acebeda de Riofrío es muy buen monte de puerco en verano, et suele haber osso», De hecho, el oso habitó la zona hasta el s. XVI. La referencia al «puerco» da razón del nombre de otro cerro importante durante la batalla objeto de nuestro estudio. También anduvo por estas lomas el Arcipreste de Hita, quien en su *Libro del Buen Amor* narra el encuentro que tuvo con una vaquera con quien debió correr alguna aventura un mes de marzo allá por el s. XIV. La muchacha le acogió en su choza y le mostró el camino de Otero de los Herreros, su «lugar amado», donde algunos eruditos sitúan la patria chica del

bueyes (1484 m), cementerio de Valsaín (1230 m). La Pradera de Navalhorno, Cerro del Puerco (1435 m) y el propio casco urbano de La Granja.

En estas posiciones se hallaban establecidas, entre otras unidades, varias baterías pie a tierra del Regimiento de Artillería n.º 13º Ligero, varias compañías del II Batallón de Montaña Arapiles y del Regimiento n.º 28 de La Victoria, cuatro centurias de Falange, dos compañías del Requeté y voluntarios de la milicia local de La Granja. Al perímetro exterior de Segovia capital se incorporarían en plena batalla 47 guardias civiles que no llegarían a combatir.

Antes de la batalla, en la segunda quincena de mayo, la 75ª División sería reforzada con tres batallones de infantería, el 72º y el 75º del Regimiento San Quintín n.º 25 y el 75º del Regimiento La Victoria n.º 28, desplegados en Revenga, Villacastín y La Granja, respectivamente[8]. Iniciada la batalla, el mando nacional envió para sostener la resistencia hasta 12 batallones que tenía como reserva en el frente de Madrid, pertenecientes a la 13ª División o acantonados en ciudades castellanas: dos banderas del Tercio (I y VI), tres tabores (el de Tiradores de Ifni-Sahara, el V y el VI de Regulares de Melilla), dos batallones del Regimiento de Infantería La Victoria n.º 28 y otros tres batallones de Cazadores de San Fernando n.º 1, como fuerzas más destacadas. Algunas de estas unidades de refuerzo llegarían terminados los combates; y se desplegaron entonces, en defensiva, en previsión de nuevos ataques que nunca se produjeron.

Soldados nacionales de infantería desplegados en el frente de la sierra de Guadarrama (Archivo De Ochoa Ruiz-Capillas).

En lo que a artillería se refiere, Varela contaba con 27 piezas en el sector del paso del León. La relativamente escasa potencia artillera local en el sector de La Granja (una treintena de piezas), perteneciente a los regimientos de Artillería n.º 13º Ligero, n.º 14º Ligero y n.º 1 Pesado[9], fue reforzada poco antes de la batalla con una

escritor: «Sácome de la choza, me allegó a dos senderos; ambos son muy usados, ambos son camineros, anduve cuando pude, raudo por los oteros, llegué con sol, temprano, a la aldea de Herreros».

8.- Cf. Martínez Bande, José Manuel, *Ofensiva sobre Segovia, La ofensiva sobre Segovia y la batalla de Brunete*, Editorial San Martín, Madrid, 1972, p. 75.

9.- Emplazadas entre las posiciones había no menos de 28 piezas de diferentes calibres

batería de 155 mm y dos piezas antitanques[10]. Además, con personal alumno de la Academia de Artillería (30 oficiales provisionales), el Gobernador Militar de Segovia llegó a organizar dos baterías de 75 mm, que situó en las afueras de la ciudad[11]. También participaron en la defensa 47 guardias civiles que desplegaron en la defensa exterior de Segovia capital[12].

La 75ª División contó con el apoyo aéreo inicial del Grupo Legionario italiano de caza *As de Bastos* (aeródromo de Olmedo, en Valladolid), más el Grupo de Morato (aeródromo de Ávila), que se incorporaría a la batalla el 2 de junio. Ambos grupos estaban dotados con Fiat CR.32.

Los nacionales no disponían de blindados en el sector atacado, ni tampoco enviaron ninguno de refuerzo. El grueso de su fuerza blindada se encontraba en el frente del norte. Tan solo había unos pocos ejemplares operativos en el frente de Toledo que no fueron desplazados.

Es de reseñar, a título anecdótico, el variopinto contingente de la milicia de La Granja, formada por elementos locales y veraneantes atrapados en el pueblo al poco de estallar la guerra, el 24 de julio de 1936. En mayo de 1937 contaba con 190 hombres mayores ya que sus elementos jóvenes se encontraban desde hacía meses en unidades regulares. Un 40 % de sus efectivos tenía más de 40 años, aunque sus integrantes no podían ser menores de 18 años ni superar los 50. Los mayores de esta edad podían prestar servicio voluntario siempre y cuando su condición física se lo permitiera. El mando había mantenido a esta milicia durante los meses invernales de retén de segunda línea, vigilando el sector de los Jardines del Palacio-Fuente de Mayo-casa del Marqués de Selva Alegre (junto a la iglesia de San Juan Nepomuceno)-garaje de la viuda de Fernández-garaje de Cándido Robledano (antiguo alcalde de la ciudad)-casa de Ferrer; un frente, en definitiva, que se extendía a lo largo de unos 450 m. Al iniciarse la ofensiva republicana, la milicia local de La Granja solo tenía operativos 60 efectivos capaces de empuñar las armas.

El general Fernando Barrón Ortiz. Unidades de su 13ª División, como los Tiradores de Ifni y el III Batallón de San Marcial, frenaron el avance republicano en La Granja.

(75 mm y 105 mm de montaña, 105 largo y 155 mm, y una batería antiaérea de 88 mm) pertenecientes a los Regimientos 13º Ligero y 1º Pesado.

10.- Cf. AGMAV, C. 2542, Cp. 18. En La Pradera de Valdehorno se emplazarán dos piezas antitanque de 75 mm, lo mismo que en La Granja.

11.- Estas dos baterías improvisadas llegarían a entrar en fuego en el sector de Cabeza Grande y al parecer falleció en acción un alférez provisional alumno (Cf. Martínez Bande, José Manuel, *o. c.*, p. 79). Antes de la batalla, en el sector de La Granja, la disponibilidad de piezas era la siguiente: en Valsaín, al igual que en el cerro de Matabueyes, se encontraban emplazadas dos baterías de Artillería, una de 75 mm y otra de 105 mm. En La Granja existían dos piezas de 75 mm y otras dos antitanque, citadas anteriormente.

12.- Cf. AGMAV, 2542, doc. 8.

Posiciones y unidades de la I Brigada de la 75ª División en la sierra de Madrid a 1 de mayo de 1937

Posiciones y Unidades

Sector del Alto del León

Cueva Valiente

Cabeza Líjar

Loma de los Requetés

Las Campanillas

Comandancia militar del Alto del León

San Rafael

Fuerzas y servicios no asociados a posiciones

El Espinar y Cabeza Renales

Sector Otero de dos Herreros

Algo más de 800 soldados del Regimiento de Infantería La Victoria n.º 28

Sector de la Granja

Cabeza Grande (posición alta y baja), dos baterías pie a tierra del Regimiento de Artillería n.º 13 Ligero y una Compañía de Transmisiones

Matabueyes, una centuria de Falange, una sección de ametralladoras y dos baterías, una de 75 mm y otra de 105 mm

Cruz de la Gallega, una compañía de fusiles y una sección de ametralladoras del II Batallón de Montaña Arapiles

Valsaín (Cementerio), una compañía de fusiles y una sección de ametralladoras del II Batallón de Montaña Arapiles

Valsaín (La Pradera de Valdehorno y el Cerro del Puerco), tres centurias de Falange, dos compañías del Requeté, una sección de ametralladoras y dos compañías del Regimiento Infantería La Victoria n.º 28

La Granja pueblo, una compañía del Regimiento Infantería La Victoria n.º 28 y la Milicia Local (60 voluntarios)

La Atalaya, sección de infantería

Sector de Torrecaballeros

Torrecaballeros

Mata de Pirón

Unidades nacionales que reforzaron el frente poco antes de la batalla

Unidades	
75º Batallón del Regimiento La Victoria n.º 28	En La Granja
72º Batallón del Regimiento San Quintín n.º 25	En Revenga
75º Batallón del Regimiento San Quintín n.º 25	En Villacastín
Batallón de Ingenieros Zapadores n.º 7	

Unidades nacionales enviadas de refuerzo durante la batalla

Batallones de Infantería
I Bandera de la Legión
Tabor de Tiradores de Ifni-Sahara
VI Tabor de Regulares de Melilla
III Batallón del Regimiento La Victoria n.º 28 (propuesto para Medalla Militar Colectiva)
Efectivos sueltos
Oficiales Provisionales de la Academia de Artillería (30 alumnos que formaron dos baterías)
Guardia Civil de Segovia (47 efectivos que desplegaron en la defensa exterior de la ciudad)

Otras unidades nacionales enviadas de refuerzo al VII Cuerpo de Ejército (frentes de Ávila y Segovia)

Batallones de Infantería
VI Bandera de la Legión
V Tabor de Regulares de Melilla
X Batallón del Regimiento de Infantería La Victoria n.º 28
Tres batallones de Cazadores de San Fernando n.º 1 (no entraron en combate)
163º Batallón del Regimiento San Quintín n.º 25
164º Batallón del Regimiento Toledo n.º 26

CUATRO DÍAS DE COMBATES

La situación en las posiciones de los nacionales días antes del ataque era de máxima alerta. La posición de La Granja, bastante expuesta por tamaño y ubicación, se reforzó con todo lo que se encontró a mano. Se instalaron ametralladoras en todas las puertas de acceso a la localidad; adicionalmente, en las salidas de Segovia, del Horno, del Campo y Nuevas, también se emplazaron piezas de artillería. Además, se excavó una trinchera en la plaza del Matadero y otra, protegida por alambre electrificado, que discurría desde el Hotel de Roma hasta el Hotel de París (actual Restaurante Bar Segovia). Por último, se colocaron barricadas de árboles en la carretera principal, a la altura de Valsaín.

Tropas republicanas junto a la hoy desaparecida Casa de Postas, en la Carretera Villalba-La Granja, cerca de las Siete Revueltas.

Desde los puestos de observación de las unidades franquistas fueron perfectamente visibles los movimientos republicanos, anuncio claro de la inminente ofensiva. Y es que la aproximación nocturna que realizó el día 29 de mayo la XIV Brigada Internacional fue muy deficiente, ya que avanzó con demasiado ruido y con luces intermitentes alertando a las vanguardias nacionales (sus observadores llegaron a contar 102 camiones), alterando así las órdenes dadas. En general, las marchas y desplazamientos de las fuerzas republicanas a sus bases de partida se realizaron con precipitación y con retraso, bajo una fría y molesta lluvia.

Varela se trasladó a Segovia, alojándose en la casona-palacio del Marqués de Lozoya e instalando en ella su cuartel general. El general concluyó que el ataque principal del enemigo iba a tener como objetivo La Granja. Además, era plenamente consciente de que la posición de Cabeza Grande iba a ser la más vulnerable ante una acometida republicana. No se equivocaba en sus previsiones.

30 de mayo (primer día de la batalla)

El domingo 30 de mayo de 1937, comenzaron a resonar los tambores de combate a las 04:30 h, momento en el que se inició el ataque secundario dirigido al Puerto del León. La infiltración de las unidades republicanas tuvo lugar por la zona conocida como Las Campanillas y el Barranco de los Niños. Faltó el apoyo de la aviación, a la que se esperó pero no acudió. Cuando apareció, a eso de las 11:00 h, bombardeó de manera indiscriminada posiciones enemigas y propias. El fuego artillero comenzó al poco, castigando las posiciones rebeldes (no

obstante, más del 80% de los proyectiles disparados, especialmente los de 155 mm, no llegaron a explotar por encontrase en mal estado[1]...). Pero nada bueno presagiaba tanto error en el operativo republicano. Y, en efecto, cuando le llegó el turno a la infantería, sus ataques fueron rechazados. A las 17:00 h llegó de nuevo la aviación republicana... y de nuevo bombardeó indistintamente a propios y a extraños. En su informe de ese día, Luis Barceló, jefe de la 2ª División, describe el ataque que lanzó su agrupación en el sector del Alto del León. Entre otras aseveraciones sustanciosas afirmará: «Aviación. Su actuación fue negativa y contraproducente

Desde un fortín nacional en Cabeza Grande se divisan Cabeza Gatos, Cruz de la Gallega y Matabueyes (Foto Óscar González).

Imágenes de la ofensiva: brigadistas, Walter dando instrucciones y un carro T-26 avanzando entre pinares (Archivo Passaporte)

1.- Que estaban fallando muchas espoletas era ya algo sabido en el Estado Mayor del Ejército del Centro a las 10:30 h del 30 de mayo. Cf. AGMAV, C. 475, Cp. 3.

hasta el punto de poner en duda este Mando el que fuera propia la que llevó a cabo los bombardeos».

Vayamos al ataque principal, el que pretendía llegar a Segovia capital. Tal y como estaba previsto, en el sector izquierdo del operativo, la 31ª Brigada se encontraba en el punto de partida a las 04.00 h. Agazapada contempló, con las primeras luces del alba el bombardeo de ablandamiento realizado por la aviación propia a las 05:40 h. A las 06:00 h se inició la progresión de esta brigada, atacando La Granja por el este.

El 3º Batallón se situó cerca de la casa forestal en la zona denominada La Pedrona hasta el arroyo del Chorro Chico, dirigiéndose por el nordeste de La Granja con la intención de cortar la carretera de Torrecaballeros, algo que, efectivamente, consiguió. Desde el citado arroyo hasta la cota 1400, cercana al arroyo del Chorro Grande, sobre los peñascales de la orilla derecha de la cascada, se colocó el 4º Batallón. A continuación se emplazó el 2º Batallón, extendiendo sus efectivos hasta el arroyo Morete, avanzando hasta divisar La Granja.

Cubriendo el flanco derecho de esta maniobra, entre el Puerto del Reventón y la Flecha, se situaron dos compañías del 5º Batallón y también dos del Batallón Alpino. El flanco izquierdo del avance se suponía que debía contactar con los internacionales del 9º Batallón *Commune de Paris*, pero esta previsión falló. El 1º Batallón permaneció como reserva en el puerto del Reventón, lugar donde también se emplazó la artillería.

El temor a sufrir un ataque por los flancos provocó que el avance de esta brigada fuera muy lento, sin que sus oficiales fueran capaces de calibrar con exactitud las fuerzas enemigas contra las que se enfrentaban,

La 69ª Brigada Mixta avanzó desde el Puerto de la Fuenfría, en el sector izquierdo del avance republicano hacia Segovia. El 1º Batallón se dirigió hacia uno de los objetivos más importantes del ataque, el cerro Cabeza Grande. Por su parte, el 4º Batallón se lanzó hacia el cerro Matabueyes, pero la enconada defensa de los nacionales frustró su operación. En el camino hacia este cerro los carros republicanos T-26B que se dirigían hacia Cabeza Grande fueron detenidos a media mañana en una pista forestal por el fuego de una

Boris Guimpel Levitzky comandó el 10º Batallón *Domingo Germinal* de la XIV Brigada Internacional, protagonista indiscutible del ataque al Cerro del Puerco. En la imagen, con uniforme francés.

Muro parapeto de los sublevados en la cima del Cerro del Puerco (Ó. G.).

pieza antitanque manejada por fuerzas del Regimiento de Arapiles, las cuales, no obstante, abandonaron la avanzadilla replegándose hacia el collado de Cruz de la Gallega.

La XIV Brigada Internacional, al mando de Dumont, se movió por el centro del ataque con la firme intención de conquistar Valsaín y el Cerro del Puerco, posición esta última fuertemente fortificada, al constituir un inmejorable baluarte defensivo. El comisario de guerra de la brigada era François Vittori, sustituyendo a Marcel Renaud, y el italiano Krieger ejercía de jefe de Estado Mayor.

La unidad se movió torpemente y sus hombres no tuvieron tiempo para recuperarse del viaje realizado hasta las posiciones de partida. Dumont apenas lo tuvo para organizar patrullas que reconocieran con eficacia el terreno a atacar. Así, hacia las 01:00 h y con luna llena, una desorientada escuadra de tres brigadistas entró de lleno en una posición guarnecida por requetés carlistas, cercana al Cerro del Puerco y a la carretera que bajaba de Navacerrada. El internacional belga al mando preguntó ingenuamente en francés dónde estaba el centro de mando de Dumont. Capturados, fueron interrogados por el capitán al mando, confesando que cerca de 4000 hombres se disponían a atacar avanzando por el valle.

Juan Modesto, el general Walter y el Comisario de la 35ª División visitan la XIV Brigada Internacional (Archivo Passaporte).

La compañía de Zapadores, constituida mayoritariamente por soldados franceses con problemas con el alcohol o desertores, y dirigida por un tal Coco Vaillant[2], encabezó la marcha, avanzando por la derecha de la carretera, por el camino forestal de la Cueva del Monje. El 9º Batallón *Commune de Paris*, a las órdenes de Grillet, se perdió entre los pinares, avanzando demasiado deprisa y sobrepasando

Brigadistas internacionales durante la ofensiva de Segovia-La Granja. La mayoría llevan el casco checo Modelo 1930 (Gerda Taro Archivo Magnum).

2.- Esta compañía fue creada por el polémico Jules Dumont, jefe poco estimado por sus hombres, a los que llegó a ordenar que se dirigieran a él solo por escrito. Su relación con Walter durante y después de la batalla fue pésima. El brigadista belga Nick Gillain llegará a decir de él que era descuidado y sin bravura. Dumont, nacido en 1888, se autodenominaba el «comandante de la buena suerte» y era un veterano de la I Guerra Mundial, fogueado en Verdún, superviviente a un ataque de gases y condecorado con la Cruz de Guerra y La Legión de Honor. Antes de su presencia en España, se había salvado de un naufragio en el Mediterráneo cuando se dirigía a Serbia y combatido en Etiopía contra las tropas italianas de Mussolini. Durante la II Guerra Mundial participará en la organización de la Resistencia en la zona de París, pero fue capturado por los alemanes y fusilado el 15 de junio de 1943.

Boris Guimpel (izquierda) y Marcel Sagnier, al frente del 10º y 13º batallones de la XIV Brigada, respectivamente.

el Cerro del Puerco por su vertiente derecha, situándose a tan solo un kilómetro de La Granja, divisándola desde las 08:00 h, pero no sirvió de nada porque perdió el contacto con el resto de las fuerzas de los internacionales. Este problema podría haberse evitado de haber utilizado eficaz y sistemáticamente a hombres del Batallón Alpino, guías expertos en los desplazamientos por los bosques de Valsaín y por los collados de la sierra.

Por lo que respecta al 13º Batallón *Henri Barbusse*, al mando del albañil y comunista francés Marcel Sagnier, marchó por el flanco derecho, algo más retrasado con la compañía de Zapadores, logrando alcanzar las faldas del Cerro del Puerco hacia las 06:00 h, pero sin capacidad para poder avanzar ante la feroz resistencia enemiga. Cincuenta metros antes de alcanzar las primeras posiciones enemigas, cerca de 60 brigadistas cayeron muertos por los disparos de las ametralladoras de los nacionales, alertados por la información recibida de la escuadra enemiga capturada a primeras horas del día. El 10º Batallón *Domingo Germinal*, antigua unidad anarquista a las órdenes del arquitecto francés Boris (Bob) Guimpel-Levitzky, se situó en reserva más retrasado, apoyando el ataque al citado cerro. Las bajas en este punto fueron importantes y unidad de Guimpel fue de las más castigadas. De hecho, él mismo fue herido en la mandíbula[3], no quedándole más remedio que ceder el mando a su ayudante, el teniente argelino Cazala; más tarde, el capitán Jacquot se hará con el mando del batallón. El 12º Batallón *Ralph Fox*, con un puñado de ingleses en sus filas y dirigido por el argelino Rabah Oussidh'huim, fue el encargado de avanzar por la carretera, al abrigo de los pinares, pero no pudo ir más allá del kilómetro 34,5, frenado por el enemigo, que defendía con tenacidad Valsaín.

Tropas republicanas durante el momento de rancho, a cubierto en los pinares cercanos al frente.

Los vehículos que acompañaron a la XIV Brigada avanzaron por la carretera general Madrid-Segovia, colaboraron en el corte de aquella, pero no consiguieron progresar al salir de la cobertura del

---

3.- En el hospital de campaña se encontró con su hermana Maya, una de las doctoras de la brigada, quien comprobó que las heridas de su hermano no eran graves. También la mujer de Guimpel, Manon, de 29 años, sirvió como enfermera voluntaria en la XIV Brigada. Ambos se habían casado en 1934. Durante la II Guerra Mundial, Manon participará activamente en la Resistencia, siendo arrestada por la Gestapo en mayo de 1944, pocos meses antes de la liberación aliada de París, hecho que le librará de ser ejecutada.

T-26 republicano (G. Taro
A. Magnum NYC94879).

Jules Dumont, jefe de la
XIV Brigada Internacional.

Carros T-26 junto al puesto
de mando de Walter (G. Taro
A. Magnum NYC94876)

arbolado. Los T-26B y el resto de vehículos se vieron impotentes ante el fortín del Cerro del Puerco y las posiciones de Valsaín (dos blindados quedaron inutilizados a las afueras de esta población). Sufrieron averías, carecían de movilidad efectiva y pudieron contestar con dificultad al fuego enemigo.

A todas luces, la indecisión reinó en todos los movimientos republicanos de este subsector. Era un hecho que el factor sorpresa había quedado anulado y con él, uno de los pilares de la ofensiva; los nacionales esperaban el ataque y tomaron medidas para repelerlo. Por último, la 31ª Brigada contactó pronto con el enemigo, pero se movió con excesiva prudencia, por temor a ser envuelta por su flanco derecho. La descoordinación de fuerzas y la dificultad en el avance hicieron perder los nervios y provocaron enfrentamientos entre los mandos republicanos, especialmente entre el general Walter y Jules Dumont. El oficial francés llegó a renunciar al mando, entregándoselo eventualmente al británico George Nathan, pero Walter le obligó a retomarlo, orden que Dumont aceptó, pero a condición de que fuera solo hasta el final de la batalla. La disputa entre el francés y el polaco determinó la división en las filas de los internacionales durante la batalla.

Los ataques decisivos del día se produjeron a partir de las 14:00 h, en el sector de Cabeza Grande —algo que, por otra parte, ya había previsto el general Varela—. Esta cota, asaltada por los republicanos con bombas de mano, no se pudo conquistar debido a la fuerte resistencia rebelde. Y aunque después se retomó el ataque con el apoyo de carros, no se consiguió expulsar de la cima a los nacionales.

La 31ª Brigada consiguió el único logro tangible republicano. Tras desbordar La Granja, llegó a cortar las carreteras que desde allí conducían a Segovia y Torrecaballeros. Sin lugar a dudas, fue uno de los peores momentos para las tropas nacionales, que tuvieron que ser reforzadas *in extremis* por el V Tabor de Regulares de Melilla, llegado de Villacastín a las 11:30 h. Esta unidad restableció rápidamente el control de las carreteras. Varela también organizó, con oficiales provisionales alumnos de la Academia de Artillería y piezas de 75 mm, una batería *ad hoc* para la defensa de la capital segoviana.

El balance de la primera jornada para los intereses republicanos era negativo, ya que la penetración en territorio enemigo había sido mínima. Las modificaciones del plan original no se hicieron esperar y el general Miaja tomó una decisión estratégicamente acertada. Consideró que no merecía la pena empeñarse más en el Alto del León y ordenó a la Agrupación Barceló —en virtud de la orden dictada a las 01:30 h de la madrugada del 31 de mayo—, que se mantuviera a la defensiva «perfeccionando las obras de fortificación» y desplazara varios de sus batallones hacia el sector de La Granja, donde las tropas habían roto el frente enemigo y las perspectivas eran mejores. La orden de Miaja no se cumplió al pie de la letra, puesto que se produjeron ataques en el sector del Alto del León, aunque sin mayores consecuencias.

La secuencia iniciada por las fotos de la página anterior continúa: los caros soviéticos T-26 han llegado al puesto de mando de Walter. Desde aquí se dirigirán al frente (Gerda Taro Archivo Magnum NYC94875).

Había que concentrar, ya de manera definitiva, todos los esfuerzos en La Granja. En el eje de avance principal del operativo republicano, a partir de entonces llevaría la voz cantante el flanco izquierdo. Walter, sabedor de que, si ocupaba Cabeza Grande y Cabeza Gatos aumentarían sus posibilidades, decidió emplear sus reservas, así como con la 3ª y la 21ª brigadas, recién trasladadas como refuerzo al teatro de la batalla. Calibró que tomando por la espalda La Granja desbarataría el dispositivo defensivo franquista en el centro del avance republicano (Valsaín-La Pradera de Valdehorno). Y si La Granja caía, el camino a Segovia quedaría abierto.

Puesto de mando del gen. Walter (Archivo Passaporte).

Página siguiente, abajo. Cerro del Puerco desde Matabueyes (Ó. G.).

31 de mayo (segundo día)

Así las cosas, a las 06:00 h del 31 de mayo, se reanudó el asalto a Cabeza Grande y Cabeza Gatos, con una intensa preparación artillera. Una hora más tarde, también la aviación arrojó sus bombas sobre las cimas de ambas posiciones. Tales ataques fueron el preludio del asalto final de la infantería (de la 69ª Brigada Mixta y la XIV Internacional) y de los carros de combate, incluidos los que habían quedado en reserva en el km 19 de la carretera nacional (en el Club Alpino). El empuje republicano parecía imparable, de tal modo que los rebeldes abandonaron con cierto orden sus posiciones a las 14:00 h. Y aunque una mía del Tabor de Tiradores de Ifni-Sahara, reforzando a las fuerzas en retirada, logró recuperar Cabeza Grande, fue solo momentáneamente, pues la acción combinada de la artillería, los carros y la infantería provocaron la retirada final de los nacionales. En la cumbre la refriega fue enconada y en el intercambio de disparos consta que los T-26B destruyeron por impacto directo una ametralladora Hotchkiss y un cañón de 75 mm Schneider de la 7ª Batería del 13 Ligero.

Las posiciones colindantes de Cruz de la Gallega, así como Valsaín, La Pradera de Valdehorno y el Cerro del Puerco, también fueron castigados por la artillería al alba, y, siguiendo idéntico guion que en Cabeza Grande, carros e infantería se lanzaron al asalto. El ataque más feroz se produjo sobre Valsaín. Así, una pieza de artillería situada en las escuelas del pueblo fue destruida por un impacto directo, matando a un sargento, a un cabo y a dos sirvientes, e hiriendo gravemente a los demás. A pesar de la furia en el empuje republicano, tan solo el Cerro del Puerco fue tomado por los internacionales, rodeándolo por el este, por la ladera de la fuente del Milano, aunque brevemente, pues sus propios defensores, reforzados por una compañía del VI Tabor de Regulares de Melilla, lo reconquistaron.

Fortín en Cabeza Grande. Al fondo, la Mujer Muerta, alineación montañosa en poder de los republicanos. La inscripción del interior reza: "Viva Franco y el 3º Bón del Regimiento *La Victoria Nº 28*" (Foto Óscar González).

Entre los internacionales de la XIV Brigada cundió el desánimo y, tras el último ataque, se produjo la desbandada. El mando decidió realizar varias ejecuciones sumarias sobre el terreno. Elegidos al azar entre quienes se retiraron caóticamente, cuatro voluntarios belgas y un

El Mar. A la dcha. el cerro Moño de la Tía Andrea (Foto Óscar González).

neerlandés fueron asesinados de un tiro en la nuca, ejecutados por un capitán francés llamado Duchesne y el comisario político Binet. Estas ejecuciones de escarmiento provocaron abiertas protestas entre los internacionales. Se quiso frenar y castigar la cobardía, pero la medida resultó contraproducente. Algunos brigadistas se negaron a participar en los pelotones de fusilamientos. En definitiva, la moral de combate de la XIV Brigada había quedado dañada, lo que iba a repercutir en el desarrollo de la batalla.

Walter, no obstante, se sentía satisfecho. Desde la posición de Cabeza Grande se podía cortar la carretera de Segovia por el fuego propio y La Granja estaba al alcance casi de la mano.

La Granja: Casa Vega (vista actual) y con impacto en la fachada (1937) (Monterrubio y Juárez, o. c.).

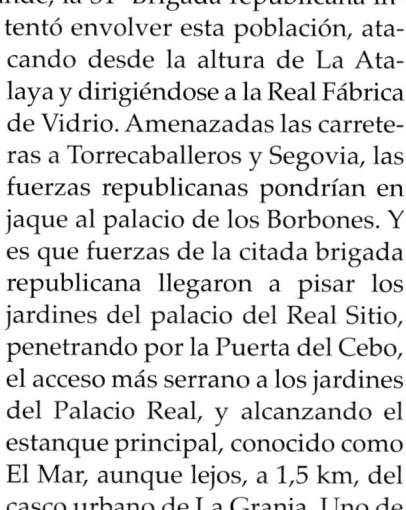

Tras la caída de Cabeza Grande, la 31ª Brigada republicana intentó envolver esta población, atacando desde la altura de La Atalaya y dirigiéndose a la Real Fábrica de Vidrio. Amenazadas las carreteras a Torrecaballeros y Segovia, las fuerzas republicanas pondrían en jaque al palacio de los Borbones. Y es que fuerzas de la citada brigada republicana llegaron a pisar los jardines del palacio del Real Sitio, penetrando por la Puerta del Cebo, el acceso más serrano a los jardines del Palacio Real, y alcanzando el estanque principal, conocido como El Mar, aunque lejos, a 1,5 km, del casco urbano de La Granja. Uno de sus habitantes, Joaquín García, contaba con seis años de edad y jamás olvidará aquellos momentos:

«Aunque aún no tenía siete años, me acuerdo perfectamente del ataque republicano del día 30 de mayo. Un obús cayó donde yo vivía, en la calle de la Reina, y la metralla impactó en muchas fachadas. Los disparos eran continuos. Poco después nos evacuaron a la capital. Cuando el frente se estabilizó, mi padre, Emeterio, carnicero de profesión, se sumó a las fuerzas que defendían los pasos de montaña, por el sector del puerto del Reventón y de la Silla del Rey. El avituallamiento se lo llevaban en mulas. Recuerdo que los soldados canarios no podían soportar el frío de las cumbres. Eran frecuentes también las charlas desde sus respectivas trincheras entre republicanos y nacionales».

Entre las filas de los internacionales había un nutrido grupo de franceses, belgas, neerlandeses y alemanes (Gerda Taro Archivo Magnum NYC94911).

Ni corto ni perezoso, Varela se trasladó a La Granja esquivando las granadas republicanas y dirigiendo *in situ* las operaciones. Las defensas de la localidad, a pesar de encontrarse inmersas en una atmósfera de ansiedad y pesimismo, aguantaron, quedando de momento la situación restablecida.

La milicia local de La Granja, tal y como se ha comentado anteriormente, se sumó a la defensa, actuando en primera línea como el resto de unidades.

1 de junio (tercer día)

Miaja se encontraba seriamente preocupado. Tras dos jornadas de combates y de inútiles asaltos frontales que habían causado 920 bajas, los objetivos iniciales no se había alcanzado. No cabía abandonar ahora cuando se contaba con la preciada posición de Cabeza Grande como punto fuerte ofensivo. Era imperioso conquistar La Granja y ya se vería después si resultaba factible el avance sobre Segovia. A primeras horas del 1 de junio, Miaja ordenó al coronel Moriones que realizase una nueva maniobra de envolvimiento con la 31ª Brigada. Al general Walter le exigió, a su vez, que se apoderase a toda costa de Valsaín y Matabueyes, imprescindibles para rentabilizar la posesión de Cabeza Grande.

Vicente Fernández Fernández, madrileño nacido en 1918, sirvió como enlace motorizado republicano durante la batalla. Falleció en Orléans (Francia) en 1980 (Gerda Taro Archivo Magnum NYC94884)

El general Walter rebasó estas instrucciones y obró por su cuenta y riesgo, disponiendo que la 69ª Brigada se mantuviera en sus posiciones y la 21ª Brigada se infiltrara entre los cerros Cabeza Grande y Matabueyes, con la intención de tomar del revés esta última posición y progresar hacia Segovia. A los internacionales de la XIV Brigada les ordenó que siguieran golpeando Valsaín, buscando la penetración hacia La Granja por el sureste, en combinación con la 31ª Brigada.

Los primeros movimientos de la 21ª Brigada se ejecutaron conforme a lo previsto por Walter. Los soldados de esta unidad descendieron de Cabeza Gatos (que ya había sido conquistada) apoderándose de La Casona y la Casa de Santillana, edificaciones antiguamente dedicadas al esquileo, situadas entre la citada cota y el cerro de Matabueyes. Esta altura era su objetivo y hacia allí se dirigieron desde el oeste —una decisión acertada, sin duda— a eso de las 08:00 h. Pero la maniobra fue frenada por la aviación nacional —dueña del cielo a partir de esta jornada— y por la artillería. Además, dos unidades de refuerzo recién llegadas, la I Bandera del Tercio y el III Batallón del Regimiento de La Victoria n.º 28, colaboraron en esta acción, unidas a los Tiradores de Ifni, presentes desde el día anterior en los alrededores del cerro Matabueyes, obligando a los republicanos a replegarse.

A la derecha de la imagen, Cabeza Gatos y Cabeza Grande. Estas cotas fueron escenario de encarnizados combates cuerpo a cuerpo (Foto Óscar González)

El general Varela eligió este momento para que cambiasen definitivamente las tornas en la batalla; el enemigo comenzaba a mostrar síntomas de cansancio y una ocasión así no se presentaría dos veces. La presa se convirtió en cazador y aprovechando el empuje y la calidad de sus hombres, se lanzó a la reconquista de Cabeza Grande. Varela rentabilizó su escasa capacidad de fuego (dos baterías de 75 mm, dos piezas de 105 mm y una batería de 155 mm) poniendo en práctica una inteligente y bien calculada preparación artillera, con cadencia lenta pero muy continuada, bombardeando insistentemente la posición y provocando la retirada de los republicanos. La aviación, por su parte, castigó la ladera sur, lugar donde las tropas de reserva se cobijaban, y sin solución de continuidad, los legionarios y los Tiradores de Ifni se lanzaron al asalto final. El combate fue encarnizado, llegándose al cuerpo a cuerpo. Los soldados republi-

Fortín nacional en la zona de Las Chozuelas, en las pendientes del cerro Matabueyes. Se divisan a la derecha los cerros Cabeza Gatos y Cabeza Grande (Foto Óscar González).

Ataque al cerro Matabueyes, fotografiado por Gerda Taro (Gerda Taro Archivo Magnum NYC94864).

canos se batieron en retirada, buscando la protección de los pinares de El Berrueco. Entre las fuerzas nacionales, destacaron en este feroz enfrentamiento el teniente Pedro Rubio Tardío, del III Batallón del Regimiento La Victoria n.º 28, y el capitán Carlos de la Gándara San Esteban, oficial del Tabor de Tiradores de Ifni. El parte nacional del 5 de junio se refería así a este último así:

«En la mañana del día 1, maniobró con su "mía" para oponerse al intento del enemigo, que con unos 300 hombres pretendió envolver nuestras posiciones, filtrándose entre Matabueyes y Cabeza Grande, lo que el capitán Gándara evitó, causándole gran número de bajas y poniéndole en fuga. Atacó con gran decisión la posición Cabeza Grande, arrojando al enemigo de las trincheras. Mantuvo con gran espíritu la moral de la tropa durante el ataque enemigo, en la tarde del día 1».

Después de la reconquista de Cabeza Grande, el siguiente objetivo fue su hermano gemelo, el cerro Cabeza Gatos, situado a 640 m. En la base de esta cota, tratando de apoyar su defensa, los republicanos habían emplazado varios carros soviéticos que disparaban las posiciones recién perdidas de Cabeza Grande. Enardecidos por la reconquista anterior los nacionales atacaron de manera incontenible y a mediodía los republicanos perdían esta segunda posición.

Vista del cerro Matabueyes desde el collado de Cruz de la Gallega, aproximadamente la misma vista que tuvo Gerda Taro (Foto Óscar González).

Durante la tarde la 69ª y 21ª brigadas, con apoyo de artillería y de cinco carros de combate T-26, trataron de recuperar ambos cerros. Los carros, con gran audacia, fueron en vanguardia de la infantería y llegaron a aproximarse hasta las mismísimas trincheras nacionales. A eso de las 21:00 h, los atacantes se retiraron, renunciando a reconquistar el cerro. En su huida abandonaron cuatro ametralladoras y 70 fusiles; asimismo, 12 soldados fueron capturados por los rebeldes. Las bajas entre los nacionales fueron sensibles y tropas del III

Batallón de La Victoria tuvieron que acudir en ayuda de los legionarios y Tiradores de Ifni.

Entre los republicanos flotaba una sensación de descalabro. Ni la 31ª Brigada pudo envolver La Granja dejándose caer por las estribaciones de La Atalaya (1647 m), puesto que el fuego de una batería de 105 mm situada en la cima de Matabueyes arruinó sus planes, ni Valsaín ni el Cerro del Puerco pudieron ser tomados, y eso que las fuerzas republicanas llegaron a penetrar cerca del Torreón, del Parque y de la Casa de la Hierba, enclaves a tiro de piedra de Valsaín. Los ataques frontales del 1 de junio a estos dos lugares causaron una enorme cantidad de bajas (309 en total), toda vez que la desmoralización de los republicanos —especialmente en los castigados internacionales— provocó desbandadas que ni los propios oficiales pudieron frenar. Al final del día, el coronel Moriones no podía ser más explícito en su informe: «la ofensiva ha fracasado».

Brigadistas internacionales comprobando su equipo antes de asaltar las posiciones nacionales. Sus infructuosos ataques del 1 de junio provocaron la desmoralización e incluso la desbandada en sus filas (Gerda Taro Archivo Magnum NYC94871).

CLAUDIO PUERTAS, SOLDADO VOLUNTARIO EN EL REGIMIENTO SAN QUINTÍN

«Estábamos en reserva, con San Quintín, en una sección pie a tierra. La verdad es que vegetábamos bastante disfrutando de la sierra y de pronto, ¡arreando para Segovia!; los rojos se habían infiltrado en nuestro frente. La artillería nos protegía pero ellos también tenían cañones; una batería del 7,5 y morteros de 81 que nos espantaban el apetito... En Segovia disparé muy poco, no tuve oportunidad. Me hartaría luego de disparar en el Ebro cuando me marché a la Legión. Pudimos con la penetración roja, es lo que sé ya que un soldado como yo —bueno era cabo interino aunque pronto me quitaron los galones— no ve mucho y menos en aquel terreno. De ahí nos enviaron a Guadarrama de posición, a relevar al 2º batallón de San Quintín frente a lo que ahora es el Valle de los Caídos, poco más o menos».

2 de junio (fin de la batalla)

José Maria Galán uno de los protagonistas de la batalla, hermano de Fermin Galán, fusilado en Jaca en diciembre de 1930

En la madrugada del miércoles 2 de junio, Miaja tomó la decisión de, renunciando a Segovia, tratar de mejorar el despliegue táctico republicano, así como de salvar la cara ante el Estado Mayor Central de Valencia. Planteó el ataque con objetivos limitados, reorganizó su despliegue, determinó no alimentar la batalla con más fuerzas propias e introdujo cambios en la cadena de mando.

Por de pronto ordenó al jefe de la 34ª División, el teniente coronel José María Galán Rodríguez —hermano, por cierto, del «mártir de la República» Fermín—, que asumiera el mando circunstancial de las tres brigadas que operaban por el flanco izquierdo del avance hacia La Granja. Galán se incorporó al frente en solitario sin que su división le acompañara. Era obvio que esta decisión era consecuencia del desencuentro entre Miaja y Walter.

Miaja aglutinó sus fuerzas en torno a dos agrupaciones. Galán dirigiría la Agrupación A, formada por las 69ª y 21ª brigada más dos batallones de la 3ª y cinco carros T-26 y dos BA-6 armados con cañón y cuatro blindados. Los objetivos finales de esta agrupación serían Cabeza Grande y Matabueyes. La Agrupación B, mandada por Walter —a quien, como se ha indicado, se le retiró el mando táctico de la operación— y constituida por las XIV y 31ª brigadas, trataría de capturar Valsaín, el Cerro del Puerco y La Granja. El general polaco contaría también con el resto de blindados operativos y con dos batallones de la 3ª Brigada, que quedarían como reserva en retaguardia.

Los violentos ataques que de nuevo, a primera hora de la tarde, se abatieron sobre Cabeza Grande resultaron infructuosos. Los T-26B de la Agrupación A se presentaron hacia las 16:30 h, y, desde una distancia de 400 m, dispararon con sus cañones de 45 mm contra las trincheras enemigas. Acto seguido se aproximaron los infantes de la 69ª Brigada Mixta y los dos batallones de la 3ª Brigada, pero fueron rechazados. El forcejeo sobre la posición duró hasta las 22:00 h. En dos ocasiones los carros se aproximaron hasta casi la cumbre y apoyaron con su fuego los asaltos de la infantería. El capitán De la Gándara, de nuevo, lideró la resistencia nacional.

Parapeto en la Avanzadilla de la Cruz de la Gallega. Cabeza Gatos (en primer plano) y Cabeza Grande (al fondo) (Ó. G.).

Según el parte de los combates, redactado en el Estado Mayor de la 75ª División:

> «[De la Gándara] culminó su brillantísima actuación en la tarde del día 2, durante el violentísimo ataque que se realizó por el enemigo con artillería, tanques e infantería, pues a pesar de tener sus efectivos disminuidos en 73 bajas de un total de 110, conservó la moral de sus soldados dando ejemplo de gran valor personal y continuando en su puesto después de ser herido, hasta que una herida grave en la cabeza, producida por una granada de mano del enemigo, le obligó a retirarse».

El capitán Carlos de la Gándara Esteban.

La lucha fue furiosa y encarnizada, pero los republicanos perdieron toda opción sobre Cruz de la Gallega y Cabeza Grande, posiciones consolidadas por los nacionales a costa de mucha sangre por ambas partes.

Tanquistas republicanos junto a su T-26 (G. Taro A. Magnum NYC94881).

Soldado republicanos (G. Taro A. Magnum NYC75206).

Los blindados que acompañaron a la XIV Internacional y la 31ª Brigada Mixta tuvieron peor suerte en la enésima tentativa de capturar el Cerro del Puerco y Valsaín. No sólo no tuvieron éxito en su misión si no que perdieron seis vehículos en las líneas avanzadas de la citada localidad. Fuerzas de la 3ª Brigada Mixta se aproximaron a ellos por la tarde, pero no pudieron recuperarlos ante la ausencia de los tripulantes que en el caos de la batalla no fueron localizados. El mando de la Compañía de Carros, decidido a traerlos de vuelta, dejó la operación de rescate para el día siguiente. Efectivamente, el 3 de junio, entrada la noche, a las 22:00 h, en una acción espectacular de infiltración, tanquistas e infantes republicanos trajeron de vuelta a las líneas propias cinco de los carros varados frente a Valsaín. Según las fuentes republicanas volaron el sexto «que por su posición era imposible sacarle», pero no debieron de destruirlo ya que en las fuentes nacionales consta la captura de un T-26B recuperable.

A Miaja no le quedó más remedio que aceptar la evidencia. A las 22:45 h del mismo 2 de junio, ordenó que las fuerzas implicadas en la ofensiva adoptaran una «actitud defensiva», y a las 15:35 h del día 3, que rompieran el contacto con el enemigo.

El repliegue de las tropas republicanas a la situación inicial era un hecho, de tal modo que, en la madrugada del 4 de junio, la 31ª Brigada, que apenas había sufrido desgaste, cubría todo el frente, tal y como ocurrió antes de la ofensiva, siendo sustituido su jefe por el mayor de milicias Germán Paredes García. El resto de brigadas mixtas regresaron a sus acantonamientos; la 3ª Brigada a Fuencarral, la XIV Internacional —muy quebrantada[4]— a Loeches el día 6, la 69ª a Colmenar Viejo y Hoyo de Manzanares y la 21ª a Madrid capital.

La guarnición de Segovia, reforzada el día 3 con la VI Bandera del Tercio y con el III Batallón de San Fernando, podía respirar tranquila tras cuatro días de intensos combates.

Oficiales de la XIV Brigada Internacional analizando un mapa en los pinares de Valsaín. El casco es el francés M15 Adrian (Gerda Taro Archivo Magnum NYC94874).

4.- Cf. Entre otras fuentes, el boletín de noticias de la unidad, *Le soldat de la République, Journal de la XIVª Brigade* los números 31-33, de junio de 1937, en los que figuran sus numerosos caídos y heridos en La Granja (http://sovdoc.rusarchives.ru/sections/organizations/cards/201977/images).

«Mi hermano era un piloto	«Mein Bruder war ein Flieger,
Un día recibió una postal,	Eines Tags bekam er eine Kart,
Empaquetó sus cosas	Er hat seine Kiste eingepackt,
Y al suroeste lo vi marchar.	Und südwärts ging die Fahrt.
Mi hermano era un conquistador	Mein Bruder ist ein Eroberer,
Nuestro pueblo vive estrecho	Unserem Volke fehlt's an Raum,
Y eso de hallar espacio es,	Und Grund und Boden zu kriegen, ist
Entre nosotros, un viejo sueño.	Bei uns alter Traum.
La tierra que mi hermano conquistara	Der Raum, den mein Bruder eroberte
Está en la Sierra de Guadarrama.	Liegt im Guadarramamassiv,
Mide un metro ochenta de largo	Und einen Meter fünfzig tief».
Y un metro cincuenta de profundidad».	(Bertold Brecht, Hundert Gedichte)

LAS BAJAS DE LA BATALLA

Las bajas humanas fueron cuantiosas, como hemos indicado, pero no hay certidumbre sobre su número. Las fuentes, como es habitual, discrepan. Las cifras de las bajas republicanas oscilan entre 1500 y 3000 (las de muertos entre 300 y 900, e incluso más ya que se indica en algunas —como es el caso del belga Nick Gillain— que solo la XIV Brigada Internacional tuvo 900 muertos (uno de ellos, el hermano del dramaturgo alemán Bertold Brecht) y las de

los nacionales fueron menores, hasta 1086 (sin poder discriminar fehacientemente entre muertos y heridos). La milicia local de La Granja que actuó en la defensa de la localidad tuvo un muerto y seis heridos el día más crítico, el 1 de junio; el día 31, solo hubo un herido entre estos milicianos.

rreteras del valle y la del puerto de la Morcuera.

Ambos bandos consumieron gran cantidad de munición (más de un millón de cartuchos y 9000 granadas en los nacionales) y perdieron material, sobre todo los atacantes. En cuanto a blindados queda confirmado la pérdida de un T-26B «reparable con cañón útil» frente a Valsaín, que pronto sería puesto en servicio por los nacionales.

El hospital divisionario republicano estuvo situado en el Puerto de Navacerrada, en las instalaciones que ocupaba el Batallón Alpino, con toda probabilidad en el chalet de la denominada Sociedad Deportiva Excursionista. Aquí se llegó a atender en un solo día a más de 250 soldados heridos. La logística sanitaria republicana fue reforzada con otros puestos sanitarios, como ocurrió en Rascafría, donde se organizó un hospital en el cruce de las ca-

GERDA TARO, LA JOVEN REPORTERA DE LA LEICA

Gerda Pohorylle, apellido que cambió por Taro, nació en Stuttgart (Alemania) el 1 de agosto de 1910, en el seno de una familia judía proveniente de la Galitzia polaca. En 1929, tras la quiebra de los negocios paternos, nuestra protagonista emigró junto a su familia a Leipzig. Militante comunista, Gerda abandonó el país en 1933, cuando Hitler fue nombrado canciller y tras haber sufrido previamente una detención en marzo del mismo año. Instalada en París, en 1934

conoció al fotógrafo húngaro Endre Friedmann, con quien comenzaría una relación sentimental. Friedmann le inició en el mundo de la fotografía y juntos crearon la marca «Robert Capa», que no era sino un personaje ficticio inventado por la pareja, de quienes se decían sus representantes, y que les sirvió para ganar reputación en el mundo del periodismo gráfico, algo que consiguieron rápidamente.

ña donde Taro, quien viajaba con pasaporte polaco, comenzó a trabajar sola, realizando una importante labor como fotógrafa y firmando sus trabajos como «*Photo Taro*». Suyas son las impactantes imágenes de las tropas republicanas durante la ofensiva de La Granja. Cubriendo la ofensiva republicana en Brunete, en julio de 1937, fue atropellada por un carro republicano en Villanueva de la Cañada, muriendo poco después, el 26 de julio, en el hospital inglés de El Escorial. En su última fotografía con vida se la puede ver siendo atendida por el médico húngaro Janos Kiszely. Solo le faltaban cinco días para cumplir 27 años. El rotativo *Ce Soir* organizó en su honor un funeral multitudinario en París.

Aunque su trabajo fue eclipsado por el de su compañero sentimental, las fotografías y retratos de Taro combinan simplicidad gráfica con una gran fuerza emotiva.

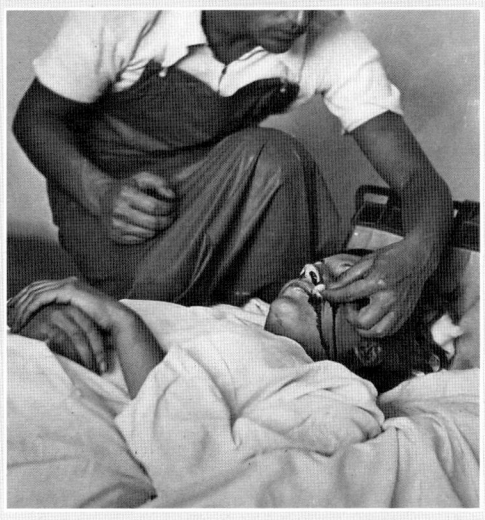

Durante la Guerra Civil española escribieron reportajes para el diario comunista francés *Ce Soir* y para las revistas *Regards y Vu*, concentrados en las acciones del bando republicano. Fue en Espa-

JUICIO CRÍTICO FINAL

La batalla de La Granja pudo tener trascendencia estratégica, pero acabó convertida en un enfrentamiento limitado, casi individualista. El Ejército Popular atacó; el Ejército nacional resistió con sus fuerzas locales y con algunas tropas traídas de frentes limítrofes; y la República, que no quiso emplear más unidades de las previstas, volvió a sus bases de partida. Ese es el resumen de la batalla que se libró en menos una semana.

Se planteó por el mando atacante como una operación de ensayo, como una respuesta a las ofensivas enemigas en el norte y como un medio de propaganda y fortalecimiento de la moral republicana. Analicemos a continuación estos tres aspectos clave del enfrentamiento.

Como ensayo táctico

El general José Varela, al frente de la recién nombrada 75ª División, dirigió personalmente las operaciones para neutralizar con habilidad la ofensiva republicana sobre Segovia-La Granja.

Con carácter general, de los tres elementos que las directivas republicanas proponían implementar para que la operación pudiera tener éxito, «sorpresa, decisión y audacia», no se cumplió ninguno de ellos. La «sorpresa» fue relativa; el general Varela se temía algo, ya que había reforzado su línea defensiva días antes, y la aproximación de las brigadas republicanas de choque fue detectada sin dificultad por los observatorios enemigos. La «decisión» en el ataque, cuanto menos fue moderada, y por tanto nunca pudo haber espacio para la «audacia».

Como operación militar, fuera o no fuera de fogueo con vistas a una gran ofensiva, se preparó mal y pecó de exceso de optimismo y de ingenuidad.

La improvisación y la rapidez con las que se afrontó la ofensiva fueron notorias y muy perjudiciales. Provocarían, sobre el terreno, graves desajustes tácticos. El Ejército Popular se encontraba apurado por la ofensiva enemiga en el norte y en proceso de reorganización, lo cual no facilitó un diseño sosegado del ataque por parte del Ejército del Centro que, además, acababa de perder a Vicente Rojo, su jefe de Estado Mayor ascendido y enviado a Valencia. Organizar una operación de este calibre en apenas dos días resultó demasiado arriesgado.

El informe del general Walter, fechado el 26 de junio de 1937, indicaba expresamente que «los Estados Mayores de las Divisiones y Brigadas tuvieron aproximadamente unas 20 horas para preparar la operación». «La preparación llevó un sello de precipitación extrema, complicada de irregularidades», concluía el general polaco-soviético. El informe del Jefe de Transmisiones del I Cuerpo de Ejército A. Mata, fechado el 31 de mayo de 1937, subraya literalmente «la falta material de tiempo», además de la escasez de personal y de medios de transporte, para poder organizar su trabajo de tendido de líneas telefónicas, algo, a su juicio, esencial en el terreno montañoso en el que se combatía.

El servicio de información de los estados mayores no funcionó adecuadamente. En la preparación se erró particularmente sobre, el cálculo de las fuerzas propias a emplear, el despliegue enemigo y su capacidad de resistencia. Por ejemplo, las brigadas desconocían la existencia de la posición del Cerro del Puerco, sólidamente defendida, y decisiva para conquistar Valsaín.

Las fuerzas que el mando republicano emplazó para la ofensiva fueron insuficientes, parcas y sin mordiente. Además, las desplegó mal, ya que si el Alto del León era la acción secundaria y aparentemente tenía como objetivo «fijar fuerzas del enemigo», llama la

Rafael Alberti y su esposa, María Teresa León, visitan al general Walter en las posiciones del pinar de Valsáin (Archivo Antonio Passaporte).

Parapeto con troneras situado en el extremo sudeste del Cerro del Puerco. Esta y otras defensas fueron construidas en agosto de 1937 (Foto Óscar González).

atención que enviara a este sector tantos efectivos. La 2ª División, que cubría aquel frente desde tiempo atrás, carecía de entusiasmo ofensivo; tenía una vocación totalmente defensiva y los refuerzos de infantería y carros que aportó el Ejército del Centro, eran muy limitados.

A la vista de las unidades empeñadas en la operación no parece que realmente se pensara conquistar Segovia. Todo apunta a que pesó más la gran operación que se estaba fraguando para el frente de Madrid. No se explica, sino, esa escasez de efectivos propios y la torpeza a la hora de calibrar la capacidad de resistencia de las unidades rebeldes situadas en las posiciones de la sierra.

Las comunicaciones republicanas también adolecieron de falta de eficacia. Se improvisó una red de telégrafo y otra de enlaces, pero ambas sufrieron graves problemas de funcionamiento. La primera falló por lo precipitado de su montaje y la segunda, porque los encargados de transmitir mensajes del puesto de mando divisionario a la línea de frente desconocían completamente el terreno. El enlace telefónico no funcionó adecuadamente entre el puesto de observación y los puestos de mando de la división y de las brigadas. En cuanto a las estaciones de radio, se utilizaron aparatos Philips de 25 vatios, supervisados por los oficiales Otero, Sánchez Gambón y Blas Jiménez.

La Vanguardia se hizo eco de la batalla el 10 de junio de 1937 (Archivo autores).

La batalla de La Granja demostró, y de manera tremenda para los combatientes de primera fila, la inmadurez militar de la República. Su talante defensivo, ampliamente demostrado en Madrid en el invierno anterior, no se correspondía todavía con una acorde competencia ofensiva. En este sentido, el teniente coronel Galán, jefe de la 34ª División republicana, en su informe del 6 de junio de 1937 criticó la actuación de oficiales y mandos durante el asalto a Cabeza Grande:

«Los mandos de batallón pierden el control de su unidad; los mandos subalternos, a quienes se les presta la mayor atención para su desenvolvimiento, no tienen capacidad suficiente. Por lo tanto todos los movimientos resultan lentos».

A nuestro juicio, los informes emitidos por los mandos republicanos nada más terminar la batalla, están condicionados por el resultado final y por la acción aérea enemiga que, a partir del 3 de junio, fue intensa y eficaz. Varias de las brigadas sufrieron ataques

Otra foto de José Maria Galán, de teniente al comienzo de la guerra incluso durante el repliegue a sus puntos de acantonamiento en Villalba, Colmenar y Hoyo de Manzanares. Se nota esa impresión, ya que todos ellos, sin ocultar los fallos tácticos de sus brigadas, suelen minimizarlos y coinciden en criticar aceradamente a la aviación propia a la que acusan de llegar con retraso y no apoyar de manera efectiva a la infantería. El jefe del I Cuerpo de Ejército, Domingo Moriones, llega a decir que su participación fue «casi nula y perjudicial».

Está claro que la actividad táctica de los atacantes fue manifiestamente deficiente. Las brigadas mixtas de choque habían operado hasta entonces en zonas abiertas o urbanizadas y en La Granja tuvieron que moverse por terreno montañoso al que no estaban acostumbradas. El avance por los espesos pinares de Valsaín, por laderas a menudo sin senderos, era muy difícil, así como el enlace y la coordinación entre ellas. Carecían de elementos de exploración o reconocimiento y los batallones, que avanzaban de frente y con lentitud, al toparse con la línea enemiga quedaron expuestos innecesariamente a un fuego intenso y sorpresivo.

Llama la atención la escasa preparación artillera y de bombardeo aéreo para una acción que pretendía conquistar la ciudad de Segovia. La artillería republicana dominaba el sector, protegida de la observación enemiga por los pinares, y los aeródromos de las escuadrillas de bombardeo (Algete, Torrelaguna, Talamanca de Jarama) no se encontraban muy alejados.

Brigadistas republicanos descansado en los pinares de Valsaín (Archivo Passaporte).

Ambas gozaban inicialmente de una posición favorable para haber ablandado más las defensas enemigas. Y es que la ofensiva republicana adoleció de falta de coordinación entre las armas: infantería, artillería, carros y aviación. Centrándonos en la artillería, los informes republicanos posteriores a la batalla insistieron en que las baterías emplazadas en el sector de Navacerrada resultaron insuficientes para los objetivos a batir, pues solo se contó con dos piezas de 155 mm y tres de 105 mm, y de estas una se inutilizó en los primeros disparos. Además, no disponer de material de montaña dificultó la colocación de las piezas disponibles.

La coordinación entre armas y unidades y la conducción de las tropas fue manifiestamente mejorable. La conservación de la sorpresa y de las intenciones ofensivas, elementos principales para el éxito inicial de la empresa, no se consiguieron. Y a nivel táctico, sobre el terreno, faltó mordiente y hubo cierta obsesión por el ataque frontal.

Disponer de una fuerza numerosa para poner en marcha la maniobra planeada provocó que, en muchos casos, las unidades entraran en combate con déficit de algunas armas, además de con oficiales y suboficiales poco experimentados. Este problema se agravó cuando hubo que ir cubriendo sobre la marcha las numerosas bajas de los mandos caídos en combate. Los Estados Mayores de varias divisiones y brigadas no estaban constituidos de antemano, por lo que sus jefes no formaban equipos probados y armónicos, acostumbrados a coordinar esfuerzos y movimientos.

Fortín rectangular de piedra en seco con tronera en la posición nacional Avanzadilla de la Cruz de la Gallega (Foto Óscar González).

El tardío e intermitente apoyo aéreo a las fuerzas terrestres, fue ineficaz llegando incluso a causar bajas en las fuerzas propias. Los informes republicanos posteriores a la batalla son muy críticos con su actuación. Así, Walter afirmará:

«En cuanto a su acción, era de muy corta duración. Después de arrojar sus reservas de bombas, en lo que apenas invertían unos minutos, nuestros aviones desaparecían del horizonte para dejar paso a la aviación enemiga, la cual era dueña absoluta del aire, bombardeando y ametrallando nuestras líneas y hasta nuestros Estados Mayores[1]».

Collado de la Cruz de la Gallega. Al fondo, donde la pista desaparece entre el arbolado, detuvieron los sublevados el avance de los blindados republicanos (Ó. G.).

Como se ha comentado anteriormente, el coronel republicano Domingo Moriones no se anduvo con rodeos y sentenció tajantemente que la acción de la aviación había sido «no solo deficiente, sino casi nula y perjudicial en muchos momentos». Los bombardeos por equivocación de las propias líneas (en Los Molinos, la Salamanca y Cuelgamuros) provocaron, según sus palabras, siete muertos y 30 heridos. Por su parte, el jefe de la 34ª División republicana, José María Galán, afirmó en su informe del 6 de junio que había sido un error que los campos desde los que operaba la aviación propia estuvieran a más de 160 km del frente. En el puesto de mando de la 35ª División llegaron a referirse con sorna a la aviación republicana no tanto como «La Gloriosa», sino como «La Invisible»…

A partir del día 1, el tercero de la batalla, unos 40 cazas Fiat pertenecientes a las escuadrillas italiana *As de Bastos* y a la *Patrulla*

1.- Cf. AGMAV, C.475, Cp. 3.

Azul de García Morato mantuvieron a raya a los cerca de 150 aparatos que los republicanos pusieron sobre los cielos segovianos. El día 2, *La Gloriosa* abandonó la zona.

Restos de un fortín para ametralladora construido por las tropas nacionales en el collado de la Cruz de la Gallega (Foto Óscar González).

Respecto al empleo de blindados, el entonces jefe del Estado Mayor del Ejército del Centro, en el apartado de la instrucción dedicado a «las deficiencias y errores cometidos durante el desarrollo de la operación» citada, indicó:

«Los Carros no han sido bien empleados y su actuación deficiente, especialmente durante el primer día, ha contribuido a la lentitud de la maniobra (…) Iniciaron su actuación tarde con cierta resistencia y sin subordinación estrecha a la infantería. Su manera de combatir ha sido independiente y también, salvo algunos casos, sin enlace íntimo con la Infantería. Unas veces han retrasado su intervención solicitada insistentemente por la Infantería, mientras que en otras se han lanzado al ataque sin preocuparse de ella. De la falta de este enlace son responsables las dos armas».

Y en el apartado dedicado a las enseñanzas:

NIdo de ametralladora construido por zapadores nacionales en Cabeza Grande (Archivo Díaz del Río Jaúdenes).

«En el combate con los carros la Infantería debe marchar muy cerca de ellos, nunca debe abandonarlos. A este fin la maniobra debe ser estudiada, hasta en los menores detalles, entre el jefe de la Infantería y el de los carros. El enlace es preciso e indispensable, debiendo la infantería señalar los objetivos que estorban sus movimientos. La independencia de actuación entre Infantería y Carros solo puede conducir al fracaso más rotundo de una y otros. Es, sin embargo, conveniente hacer notar que los carros constituyen un arma que se gasta rápidamente, por lo que se hace preciso dosificar adecuadamente su empleo».

Como respuesta a las ofensivas nacionales

La batalla de La Granja fue la primera de las respuestas que el Ejército Popular lanzó contra la ofensiva nacional sobre Vizcaya. Días después se produjo la segunda respuesta, el ataque contra Huesca (12-29 de junio) y a comienzos de julio la tercera: la ofensiva en el frente de Madrid que daría lugar a la gran batalla de Brunete. Ninguna de estas tres acciones consiguió el objetivo último de detener la ofensiva nacional en el norte.

El ataque a La Granja fue resuelto por los nacionales con fuerzas locales y con fuerzas traídas de otros sectores del frente del Centro

 # LOS BLINDADOS EN LA BATALLA: JUICIO CRÍTICO

Los carros combatieron donde podían moverse, en los subsectores de Valsaín y de Cabeza Grande, ya que la orografía del eje de avance de la 31ª Brigada Mixta era impracticable para ellos. De los informes republicanos se colige que la actuación de los carros ni fue buena ni fue relevante.

El jefe del I Cuerpo de Ejército, el coronel Moriones, en su informe es bastante escueto. Dice que los carros actuaron desigualmente; en Valsaín de manera débil y poco decidida, mientras que en Cabeza Grande «con todo arrojo y eficacia, sin podérseles exigir más de lo que hicieron». Sus mandos de división participan de esta impresión general.

Walter, que había cosechado un fracaso evidente, es bastante crítico con todas las armas y también con los carros, afirmando que: «su acción se ha limitado a la dirección de la carretera, no teniendo ninguna iniciativa de su parte para rodear Valsaín, por ejemplo, por el Oeste, cosa completamente factible para los tanques, no teniendo tampoco ningún enlace ni coordinación con los Jefes de Batallones para una acción conjunta con la infantería». Incluso afirma que los tripulantes que acompañaron a la XIV Brigada Internacional tuvieron que actuar «bajo la amenaza de las pistolas del mando». Señala que no sacaron partido

a su movilidad limitándose hacer fuego desde posiciones fijas, «lo cual hacía que la artillería antitanque enemiga tuviera un blanco excelente». Esperaban a que avanzase la infantería para hacerlo ellos, lo que conducía a acusaciones recíprocas entre los mandos de los batallones y los de las secciones de carros, pues cada uno atribuía al otro la lentitud del avance.

Como enseñanza para el futuro apunta Walter que no es preciso que los carros esperen a la infantería; que se debe avanzar en conjunto o de manera separada, «según la situación y posibilidades». A veces será necesario que los primeros sean los blindados y viceversa respecto de los infantes.

El teniente coronel Galán es más benévolo con los carros T-26B que acompañaron a su Agrupación A. Elogia el progreso en su desenvolvimiento táctico, respecto de anteriores hechos de armas cuando los carros «ya venían con misiones no dadas por el jefe ejecutor de la operación». A pesar de que el terreno no fuera el adecuado, ante Cabeza Grande los blindados se coordinaron bien con la infantería, apoyaron eficazmente con su fuego con efectividad a los atacantes y al menos no tuvieron pérdidas.

(Sevilla La Nueva, en Madrid y Lominchar, en Toledo).No desplazaron, pues, ni una sola unidad desde el frente vasco por lo que no alteraron su ritmo de progresión hacia Bilbao, que cayó en sus manos 15 días después.

Soldados republicanos de transmisiones durante la ofensiva de Segovia-La Granja (Gerda Taro Archivo Magnum NYC94882).

Las posiciones fortificadas nacionales, asentadas desde hacía tiempo en lugares ventajosos de fácil defensa, llevaban en alerta varios días. Los esfuerzos frontales contra ellas estaban abocados al fracaso, a poco que los defensores recibieran refuerzos —los habían recibido poco antes de la batalla—. Al fallar la sorpresa y comenzar a llegar refuerzos de calidad las opciones de las brigadas se esfumaron. Si la batalla hubiera durado dos días más, se habrían desgastado hasta quedar en cuadro.

Esta batalla constató, una vez más, la capacidad de resistencia del Ejército nacional. Si mantener Madrid fue todo un logro defensivo de la República, una batalla como esta puso de manifiesto que los nacionales tampoco estaban dispuestos a ceder ningún trozo de territorio.

Como medio de propaganda y estímulo de mejora

Desde la perspectiva republicana, la ofensiva diversiva de Segovia cosechó un resultado descorazonador que interpeló a sus mandos. Aunque la propaganda revistiera la operación en términos elogiosos, Miaja, Rojo y Prieto percibieron carencias patentes.

La batalla reveló la capacidad de heroísmo y de sacrificio de las tropas de ambos contendientes. Por parte de la República, los españoles e internacionales se dejaron la piel en condiciones muy difíciles. Los nacionales aguantaron muy bien en sus posiciones y cuando las perdieron, volvieron con tenacidad al combate para reconquistarlas.

Aunque el informe del coronel Moriones —así como la propaganda republicana (cosa lógica)— tratase de enmascarar el resultado final diciendo que se había conseguido el objetivo de atraer fuerzas enemigas, «en número superior al asignado por nuestras directivas», la operación fracasó. No hubo avance alguno territorial y las bajas sufridas fueron cuantiosas.

La ofensiva republicana trajo como consecuencia el refuerzo de la fortificación de la línea nacional en el sector de La Granja. Se

La Voz de Cantabria publicó el 2 de junio de 1937 que las fuerzas republicanas habían tomado La Granja, mejoraron a partir de entonces las posiciones de la sierra, abrigos, casamatas y pozos de tirador, en previsión de una nueva ofensiva republicana que nunca más se produjo.

Hubo un éxito indirecto para la República, la muerte del general enemigo Emilio Mola, jefe del Ejército del Norte, quien murió en accidente de aviación al término de la batalla, cuando desde Vitoria se dirigía a Valladolid para comprobar sobre el terreno la situación creada por la ofensiva gubernamental. Con él perecieron los tripulantes (capitán Chamorro y sargento Fernández Barredo), el comandante Serrat y —como una muestra más de la guerra fratricida que cuarteaba España— su ayudante, el teniente coronel Gabriel Pozas Perea, cuyo hermano, Sebastián, era el jefe del Ejército del Este en el otro bando.

Paisanos de Alcocero (Burgos) con los restos del avión donde pereció el general Mola.

A raíz de lo ocurrido, y con vistas a dotar a su masa de maniobra de auténtica eficacia, es evidente que el Ejército Popular debía corregir la carestía estructural en su capacidad ofensiva. Había que mejorar la conservación de la sorpresa, ocultando todo lo posible la intención de ataque, así como la coordinación entre armas y unidades y el liderazgo durante el ataque por parte de los mandos. Miaja y su Estado Mayor en Madrid, y Vicente Rojo y su Estado Mayor Central en Valencia, tenían que trabajar deprisa si querían ayudar eficazmente al frente norte antes de que fuese demasiado tarde.

Noticias relativas a la ofensiva de Segovia-La Granja.